문학과지성 시인선 626

오해와
오후의 해

이실비 시집

문학과지성사

문학과지성 시인선 626

오해와 오후의 해

초판 1쇄 발행 2025년 10월 24일
초판 2쇄 발행 2025년 11월 28일

지은이 이실비
펴낸이 이광호
주간 이근혜
편집 허단 유하은 김필균 윤소진 조아혜 최은지 김다연
마케팅 이가은 허황 최지애 남미리 맹정현
제작 강병석
펴낸곳 ㈜문학과지성사
등록번호 제1993-000098호
주소 04034 서울 마포구 잔다리로7길 18(서교동 377-20)
전화 02)338-7224
팩스 02)323-4180(편집) / 02)338-7221(영업)
대표메일 moonji@moonji.com
저작권 문의 copyright@moonji.com
홈페이지 www.moonji.com

ⓒ 이실비, 2025. Printed in Seoul, Korea

ISBN 978-89-320-4465-1 03810

이 책의 판권은 지은이와 ㈜문학과지성사에 있습니다.
양측의 서면 동의 없는 무단 전재 및 복제를 금합니다.

문학과지성 시인선 626
오해와 오후의 해

이실비

시인의 말

말과 마음을 환히 들여다보고 싶어서
한낮에 종일 서 있었다

하지만 말과 마음의 살가죽은 까맣게 그을어갈 뿐

내가 원하는 건 빛에 가깝지 않다는 걸 알았어

제대로 비껴간 오해가 훑고 간 시간
아프고 친밀하다

그리고 다시는 반복하고 싶지 않다

2025년 10월
이실비

오해와 오후의 해
차례

시인의 말

1부 부드럽고 낯선
물속의 돌   9
현지인   11
서울 늑대   13
멸치와 낮잠   16
희고 부드러운 잠   17
위로   19
조명실   21
데이트   23
너의 친구 배신자   26
나의 친구 처단자   33
제국의 멸망   37

2부 사랑하는 것들이 사랑하는 속력으로 치고 지나갔다
파손   41
투숙   43
총알   44
강둑   45
복제   46

외출   48

심해   50

부표   52

월곡   54

피오니   58

무릎   60

청   63

지난여름의 단   65

3부 어둠 속에서 얼굴을 굶기고 싶어

Free   71

free   73

내가 아는 폭력   75

오해와 오후의 해   76

가정   80

담금질   82

미쳤다고 했다   84

칠   87

절벽에서 닭장까지   91

튤립 축제   94

귀와 종   95

4부 별장에서 발췌한 세 가지 기록

택시   103

별장   109

잡지   113

사서 114

옥상 116

이름 118

마시 121

터널 122

풍차 124

택시 127

편지 129

편지 131

상속 133

자두 134

일지 141

해설

고통의 인류학·송현지　145

1부
부드럽고 낯선

물속의 돌

너는 물 바깥에 서서 물속으로 잠기는 돌을 본다
정말 잘 보인다

너는 발을 가졌고 걸을 수 있는데 돌은 걸을 수 없다

그런데 넌 그게 전혀 슬프다거나 하지 않아

물은 투명하고 돌은 투명하지 않아서
자신을 있는 그대로 보일 수 있다는 건 기쁨이란 걸 너는 아니까

네가 아파하는 건
세상의 모든 오후를 기억하려는 눈동자처럼
축축하게 뒤척이며 가라앉는 물속의 돌

울지 않고 끝까지 말할 줄 아는 사람이 물속으로 걸어간다

두 손으로 돌을 건져 올리면

손가락 사이로 줄줄 흐르는 투명한
속눈썹

이제부터 깨끗한 눈이야

현지인

마주치기 좋은 투명한 우산을 쓰고 다녔다

폐업한 호텔 앞에서 만난 사람은
자신의 그림들을 데리고 나오는 중이었다

호텔 로비에는 그가 그린 그림들이 언제나 걸려 있었지만 그는 호텔에 머문 적이 하룻밤도 없다고 했다

우리는 강으로 갔다 그림들을 하나씩 물에 풀어주니
캔버스는 강을 따라 흘러가며 도시의 마지막 풍경을 흡수했다

바싹 마른 텅 빈 창들이
하나씩 닫히는 풍경 속에

누군가가 유리창에 오른손을 가져다 대는 모습
언제나 오른쪽으로만 돌아눕는 사람에게 어두운 왼쪽 뺨을 선물하는 것처럼

부드럽고 가볍게 잠긴다

강 끝에 사는 이들은
웃으면서 떠밀려 온 캔버스를 줍고

엎어진 미소를 셔츠로 훔쳐 입어 걸으면
얼굴이 마르지 않았다

서울 늑대

사랑을 믿는 개의 눈을 볼 때
내가 느끼는 건 공포야

이렇게 커다란 나를 어떻게 사랑할래?
침대를 집어삼키는 몸으로 묻던 하얀 늑대
천사를 이겨먹는 하얀 늑대

흰 늑대 백늑대 북극 늑대
시베리아 알래스카 캐나다 그린란드
매일 찾아가도
없잖아 서울에서 만나 서울에서 헤어진 하얀 늑대 이제 없잖아

우린 개가 아니니까 웃지 말자
대신에 달리자 아주 빠르게

두 덩이의 하얀 빛

우리는 우리만 아는 도로를 잔뜩 만들었다 한강대교 위

에 발 딛고 내려다보기도 했다 미워하기도 했다 도시를 강을 투명하지 않은 물속을

  밤마다 내리는 눈
  까만 담요에 쏟은 우유
  천사를 부려먹던 하얀 늑대의 등

  네 등이 보고 싶어 자고 있을 것 같아 숨 고르며 털 뿜으며

  이불 바깥으로 새어 나가는 영원

  목만 빼꼼 내놓고 숨어 다니는 작은 동물들
  나는 그런 걸 가져보려 한 적 없는데 하필 너를 데리고 집에 왔을까 내 몸도 감당 못 하면서

  우리는 같은 멸종을 소원하던 사이
  꿇린 무릎부터 터진 입까지
  하얀 늑대가 맛있게 먹어치우던

죄를 짓고 죄를 모르는 사람

혼자 먹어야 하는 일 앞에서
천사는
입을 벌려 개처럼 웃어본다

멸치와 낮잠

 우리는 멸치 한 마리를 길렀다 여기도 이제 글렀군 짐 싸서 떠나던 길고양이가 옜다 놓고 간 식량 멸치 하나 덩그러니 마당에서 팔딱 뛰는데 일제히 멀어지는 생물들 전부 다리 달렸고 걸을 수 있었지 이해해 멸치를 조심히 들어 올렸지 유리컵에 멸치 넣고 빛이 쪼그라드는 실내에서 우리는 끌어안고 나아질 게 있을지도 모른다고 믿고 싶어져 세상에 단 하나뿐인 멸치 멸치야 넌 정말 예쁘고 투명해 우리는 서로의 뼈를 만지며 말했다 차가워 얼마나 더 차가워졌어? 무릎과 발목 일어설 때마다 두려워도 우린 멸치 먹지 말자 약속하며 멸치 사랑해 멸치 데리고 산에 가고 싶어 계곡이나 식물원에 가고 육교도 걸어 올라가고 싶어 끝없이 텅 빈 도로를 멸치와 내려다보며 어디든 갈 수 있다고 약속하고 싶어 잣나무 숲에선 태양 타는 냄새 더는 사용할 수 없는 성냥처럼 꼿꼿했지 뜨거웠던 순간을 기억하는 까만 얼굴 추워서 치를 떨면서 우리는 심해의 꿈을 꾸러 갔네 은빛 지느러미를 둘둘 감고 잠이 들었네 떼를 지어 산란하는 여름이 거기 있었지만 이제 두꺼운 옷으로 뼈를 감추고 얼음물로 잠기는

희고 부드러운 잠

 무거운 꿈을 성실히 꾸고 싶었다. 그래야 가뿐한 하루가 올 수 있다고 믿었는데. 마음도 뉘어누울 수 있구나. 점점 더 납작해지는 베개에 목덜미를 얹고. 쫓아가고 싶던 말들과 쫓아내고 싶던 말들을 솎아내며 딱딱한 밤을 새웠다.

 새로운 베개를 사러 가야 했다.
 마트에서 전단지를 봤다. 잠들지 못하는 사람들이 침구 코너에서 함께 누워 있는 모임이 열린다고.

 영업시간이 끝나고
 잠옷 차림의 사람들이 불 꺼진 마트에 모였다. 베개와 이불을 고르고 누울 자리를 잡는 동안 아무도 말이 없었다. 매트리스에 오르며 슬리퍼 벗는 소리만 톡, 톡 하고 들렸지.

 깜깜한 실내인데도

 흰 것만 가득해서 그런가?
 내 옆에 누운 사람이 너무 잘 보였다.

그는 베개만 열두 개를 가져와 가볍게 몸에 얹고 파묻혀 있었지.

무슨 이유로 저럴까? 저러다 베개가 쏟아져 새벽에 춥지 않을까?
물어보려다

그냥
아침이 되면 그와 함께 단팥호빵을 사러 가기로 했다.
반으로 찢으면 축축하게 쏟아지는 어둠을 나눠 먹기로.

위로

배드민턴채를 손에 쥐고 공중을 올려다보는 두 사람

마주 앉은 식탁

허공에 멈춘 두 개의 숟가락

당신의 마지막 햄스터
작고 보송했던 결을 기억하며
우리는 수저를 들었다

잘 먹겠습니다— 말해놓고
왜 안 먹느냐고 묻지 않았다

베란다 밖 공원에 배드민턴 치는 소리
어설퍼도
공을 놓친 사람을 질책하는 말은 들리지 않았고

공을 줍고 위로 던지고 올려다보고
수저를 들고 밥을 푸고 입에 넣고

하얗고 동그란 것이 멀리 날아가버리거나
우리 안으로 들어와 사라진다

방 안에선
산에서 데려온 버섯이 자라고 있다

당신에게

부드럽고 낯선 버섯을
다발로 엮어 건네고 싶다

조명실

그 사람 죽은 거 알아?
또보겠지떡볶이집에서
묻는 네 얼굴이 너무 아름다운 거야

이상하지 충분히 안타까워하면서 떡볶이를 계속 먹고 있는 게 너를 계속 사랑하고 있다는 게

괜찮니?
그런 물음들에 어떻게 답장해야 할지 모르겠고

겨울이 끝나면 같이 힘껏 코를 풀자
그런 다짐을 주고받았던 사람들이

아직도 코를 흘리고 있다

손톱이 자라는 속도가 손톱을 벗겨내는 속도를 이기길 바랐다

다정 걱정 동정

무작정
틀지 않고

어두운 조명실에 오래 앉아 있었다

초록색 비상구 등만
선명히 극장 내부를 비추고 있었다

이것이 지옥이라면

관객들의 나란한 뒤통수
그들에겐 내가 안 보이겠지

그래도 나는 보고 있다

잊지 않고 세어본다

데이트

이웃집 앞에 세워진 구급차와 경찰차. 장바구니를 품에 안고 빠르게 걸었다. 어서 집으로 가야지. 집으로 가서 냉장고 정리를 해야지. 저녁 식사를 차리고 천천히 오래 씹어 먹어야지.

현관문을 열면
내가 아니라는 안도감이 나를 세게 때렸다.

사람은 어떻게 신날 수 있는 걸까? 난 혼자 있고 싶었다. 아니야. 혼자 있고 싶지 않았어.

나도 나를 모르겠어. 그럴 수 있지. 겨울이 끝났다.

커피를 세 잔 마셨다.
지금부터 평생 그림을 그려보고 싶다. 언젠가 그림들을 호텔 로비에 전시하고 싶다. 그리고
그 호텔에 단 하루도 머물고 싶지 않다.

그럼 뭐 하지?

인생네컷 부스에 들어가 사천 원을 넣고 사진을 찍었다. 인생이 네 컷 밖으로 나오지 못하게 멍 자국을 모자 밑으로 구겨 넣으며 거리를 걸었다. 사주 신점 천막들을 지나쳤다. 사람들에게 돈을 내면서까지 슬픈 예감을 감당하는 힘이 있다는 게 믿기지 않았다.

심장 속에는 라마가 살고 있다.
멍하니 눈도 깜빡이지 않고 나를 보고만 있다.

그렇게
나를 그냥 둔다.

보고 있는 것만으로
같은 크기의 즐거움을 느낄 수 있단 걸 이해하려고

집에 가서 보자.
말하던 사람이 집에 없다는 걸 이해하려고

카페에 앉아 있었다.

다투기 시작한 맞은편의 연인을 지켜보았다. 한 사람이 다른 한 사람을 향해 손을 치켜들었다.

머리를 쓰다듬었다.

너의 친구 배신자

나는 가끔 내가 배신자라는 걸 잊는다
모르는 집의 창문을 열고 들어가도
티브이를 보던 모르는 가족이 일어나 어서 오라고 나를
안아줄 것 같다
비에 젖은 나를

(나의 집으로 와)

오렌지나무가 있는 나의 집 정원과 물웅덩이 후드득 쏟아지는 잔가지 벽난로를 들쑤시는 손 부러진 어깨뼈 나아갈 수 없고 돌이킬 수도 없는 작곡가의 불운 완성된 협주곡 삼 악장 앞에서 귀를 틀어막는 모습

친구의 배신을 짐작해 잠들지 못하는 중학생처럼,
도서관에서 너는 내 손을 잡으며 나의 모든 것을 이해할 수 있다고 했어 (등 뒤엔 니콜의 책이 있었다) 정말 다 이해할 수 있어? (그때 교내 방송이 시작됐지) (누가 총을 들고 학교에 침입했다는 소리만 반복되었지)

너는 내 손을 잡으며 나의 모든 것을 이해할 수 있다고 했어

정말 다 이해할 수 있어?
내가 웃을 때 나를 죽여버리고 싶다는 마음이 들지 않을 자신이 있어?

너는 회색 셔츠를 입고 있었다 땀을 흘려 점점 짙어지던 회색 셔츠

우리가 선생님이 되는 걸 상상해본 적 있니
이상해
감옥에 가야 할 것 같아

더는 싸울 필요 없는데 무기를 버려도 괜찮은데 이런 얘기 지겹지? 적이라든가 적인 줄 알았는데 아니었다든가 우리는 가장 높고 뜨거운 산이 어디 있는지 모르잖아 산을 오를 때 손을 건네고 잡아주는 마음을 모르잖아 더 아래로 서로를 넘어뜨릴 뿐이지 그런 우리가 아이들을 가르

치고 서로의 뺨을 때리는 손을 저지할 수 있겠니?

　배운 게 배신뿐이라
　연필을 깎았다 뾰족하게

　식어가는 벽난로 작곡가의 곡을 훔쳐 달아나는 사람 총을 사거나 파는 사람 우리는 구하는 사람이 아니다 (너는 회색 얼굴을 입고 나를 봤어)

　나는 나에 대해 쓰고 싶지 않아
　이제부턴 너에 대해서만 쓸 거다
　구차하게
　아주 느린 속도로
　쓰고 싶다 장작을 메고 언덕을 오르던 한쪽 팔처럼 쓰고 싶다

　언덕에는 집이 있고
　커다란 눈송이가 내린다
　우리가 노인이 될 때까지 내린다

끝이 갈라진 나무 숟가락으로 스튜를 떠 네 입으로 가져가면 눈썹 아래로 지는 그늘 너는 또 친구들 이야기를 하겠지 우리만 살았다고 그게 숨 막혀서 죽을 것 같다고
  식탁에서 일어나
  네 등을 두 팔로 끌어안으면
  저녁 식탁 위로 쏟아지는 뼈의 그림자
  어두운 혀를 입속에 둔 채 각자의 방으로 들어가는 뒷모습

  (빙상 경기장에 갔던 날을 기억하니)
  스케이트화를 신고 얼음 위에 혼자 서 있던 아이

  관중석에는 아이스크림 파는 사람이 있었어 이상하다고 생각했다 이상하지만 괜히 아이스크림을 하나 샀지 먹고 싶은지도 모르는 채

      나는 여전히 나의 욕망을 모르겠어
      어쩌면 강도가 되고 싶은지도 몰라
주차장에서 마주친 노인의 집을 밤새 훔쳐보고 싶은지도

배를 타고 고래를 만나고 싶은지도 모르지
그동안 내가 원했던 것들은
그저 눈앞에 있어서 덥석 집는 것과 다름없었고

(구부러진 고양이의 등)

배신
직전의 밤
하얀 식탁에 앉아 혼자 밥을 먹었다 더러워지는 식사야 나는 너의 친구야 나의 집으로 와 중얼거리며 그 아이를 생각했다 잔인한 노래 속에 춤추던 어린 피겨스케이팅 선수 모두가 괴롭고 아파도 아무도 죽을 수 없다는 노래 너보다 내가 먼저 배신해서 기쁘다는 노래

얼음 위에서 두 팔을 벌려 자기 자신을 끌어안던 아이
빙글빙글빙글빙글 제자리에서 끝없이 돌고 있던 아이
손목을 타고 흐르던 아이스크림 나는 음악이 끝나기 전에 자리에서 일어나 경기장을 나왔다 눈 내리는 언덕을 지나치며 흥얼거렸다

집으로 와 내가 있는 집으로 와

말하던 나는
이제 집에 없다

학급일지에는 이렇게 적혀 있었다 머리를 감싸안고 도서관 서고로 숨은 아이들은 순간 모든 책을 찢어버리고 싶었다고

어떤 믿음은 소용없이 끝나버리지 산 너머에는 바다가 있고 바다에는 고래가 있다는 걸 알지만 지금 고래를 볼 수는 없지 살아남은 우리가 다시 마주친다면 고래의 뱃속일 수도 있겠지 누군가 죽은 고래를 발견해 쓰다듬으면 사체가 터져 내장과 함께 쏟아지는 너와 나
 잃어버린 한쪽 팔을 더듬거리며 찾고 있으면 너는 묻겠지

(언제부터 그런 거야?)

네가 없는 사이 내가 살던 집에 네가 왔다가 다시는 오지 않게 된 사이 오렌지나무 밑에서 혼자 웃던 사이

나의 친구 처단자

왜 빛이 지겨워졌을까
천년도 연구하지 못했으면서

사람은 늙는다
친구처럼

아이들은 역할을 좋아해 모두 처단자를 하고 싶어 하지
누구도 배신자가 되고 싶진 않으니까

///빨간 얼굴///

왜 거짓말더러 빨간색이라 할까 빨강이 무슨 죄가 있는
지 나의 빨간 마음을 보세요 이렇게 빨간

네가 아플 때 나는 어떻게 해야 돼?
그냥 그렇게만 말해주면 돼

시간이 흐르면 증명할 수 있을 거란 말
그건 무슨 색의 거짓말이라고 하는 게 좋았을까

우리는 모르는 도시를 함께 다녔다

카지노에 가서

말이 되었다

게임이 시작되면 한마디씩 하세요 난 배신자가 아니라고

난 아니에요. 진짜 잘못한 게 없어요. 그게 잘못인지 몰랐어요. 어쩌면. 나도 속은 거예요. 그럴 수도 있죠. 아니 그래도 어떻게. 언젠가 벌받을 거야. 그럴 권리가 있어요?

다가올 미래에

모두가 어쩔 수 없이 배신자를 용서하는 순간을 상상해

어쩔 수 없는 일이 너무 많아서 변명투성이가 될 뿐인

망한 게임에선

가장 믿음직한 변명을 하는 배신자가 이기는 걸까?

다이빙할 때 웃을 수 있을까?

쏟아진 물 앞에서

셔츠를 벗어 물을 훔치고 축축해진 옷을 다시 입고 바깥에서 오래 걸었다 마르지 않은 걸 갖고 싶었다 아니면 절대 식지 않는 것

내 친구는
그네가 있는 집에서 자랐다 하지만 그는 그네를 탄 적 없다 앞으로 붕 떠올랐다가 뒤로 혹 꺼질 때 몰래 뒤에 서 있던 누군가가 그를 찌를 것 같았기 때문이다

날 밀어주지 마

절벽 위에서 안개를 베어내도
피는 흐르지 않는다

친구야 너를 사랑했던 사람을 떠올려봐 너를 너무 사랑해서 모르는 도시로 언제든 순식간에 떠났던 사람

행복해서 우는 법을 매일 연습했었지 도서관에 앉아 창밖으로 아이들이 책가방을 메고 걸어가는 걸 봤다

나의 친구 처단자에게
움직이지 않는
아름다운 실내를 보여주고 싶었다

제국의 멸망

영화 「제국의 멸망」
이 이야기는 멸망이 아니라
미치지 않은 것에 대해 말하고 있다

당신은 이제 아프지 않아요
진단을 받는 사람
환자들이 서로의 얼굴을 살펴본다 저 사람보다 내가 더 아픈 걸까

음료 자판기 빨간 코카-콜라 파란 펩시
번갈아 우르르 떨어질 때

신난 아이들이 엄마를 향해 달려간다
캔을 따면 폭발하겠지

사람들이 모인 병원 로비에
영화만 계속 나온다
아무도 리모컨을 찾지 않는다

겪어본 적 없는 전투
우리는 이 모든 것과 상관없다

퇴원하는 사람이 아프지 않은 얼굴을 하고 말했다
다 괜찮아질 거라고

기적처럼 모두가 그렇게 생각할 때
아이들이 엄마 몰래 의자 사이를 넘나들며 즐거워한다

조용하고 확실히
종아리가 멍든다

2부
사랑하는 것들이
사랑하는 속력으로 치고 지나갔다

파손

모래시계를 들고 당신이 왔습니다 삶이 너무 짧다고 나를 찾아와 말했습니다 하얀 빨간 모래 알갱이가 다투며 내려오는 밤 당신 어깨에서 연필심이 자라나기 시작했습니다

연필심이 뾰족하게 돋아나는 시간

당신이 아파했습니다 바닥을 뒹굴면서 마루를 죽죽 그었습니다 당신에게 기다려달라고 할 수 없어서 기다릴 시간이 없어서 당신 어깨에 큰 종이를 대고 문질렀습니다 계속 문지르면
  새로 밀려 올라오는 연필심은 없었습니다 내가 이제 매일 종이를 줄게 좋은 종이를 줄게

한 사람을 위해 견딘다고 생각하면
밤이 길어서

종이를 채우는 검은 선들로 충분한 밤이라고 믿는 일

그렇다고
그렇게 익숙해지자고

어깨를 잡고 구르는 사람에게 밤을 버티는 기쁨을 말하진 않았습니다

새로 그려야 하는 그림과 새로 써야 하는 시는 아침에 찾아오니까 어떤 음악은 한낮에 들어야 더 충격적이니까 충격은 흐르게 두어야 하니까

모래시계를 깨뜨려 모래를 쏟았습니다

하얀 빨간 모래가 흩뿌려진 산

멀리서 보면 분홍입니다 로맨틱합니까? 그 산을 타고 오르는 아주 작은 당신과 나를 떠올려봐요 발을 디딜 때마다 분홍이 우르르 쏟아져 내립니다 산 아래 가장 마지막에 떨어지는 모래 알갱이 하나는 하양일까요? 빨강일까요? 우리는 그것에 대해 아침까지 궁금해하기로 합니다

투숙

 긴 복도의 끝. 가장 먼 방에서 나오는 사람은 눈이 없다. 그가 나를 향해 걸어온다. 어두워도 그는 아주 반듯한 걸음으로 걷는다. 작은 어둠에도 앞이 보이지 않는다고 믿는 버릇으로 나는 도망친다. 비상계단 입구를 찾아 문을 연다. 계단을 내려간다. 쫓아오는 사람은 말이 없지만
 거기 서라고 서지 않으면 안 된다고 발소리로 알려줄 수 있다. 작은 어둠은 그런 것을 더 잘 들리게 만든다. 작은 어둠은 장난을 좋아해
 쫓기는 몸을 넘어뜨린다. 몸은 쏟아질 때 깨닫는다. 입 안에 동그랗게 굴려지는 것. 그걸 뱉는다. 나에게 오는 그의 눈알이다. 그의 동공을 기억해낸다. 이곳은 호텔이고 당신은 투숙객이다. 나는 호텔에서 해고된 직원이다. 해고된 이유는 내가 당신 눈을 훔쳤기 때문이다.

총알

 총 맞고 집에 돌아와 응급처치를 했다 총을 쏜 사람은 내가 사랑하는 연극배우였다 그를 신고하지 않았다 그는 곧 오십 년 만에 무대에 오른다 나는 그의 연극을 오십 년 기다렸다 배우가 감옥에 가서 연극에 오르지 못한다면 나는 기가 막혀 죽을지도 몰랐다 총 맞은 나는 스스로 두피와 두개골을 벌려 박힌 총알을 빼냈다 테이블 위에 총알을 올려두었다 내가 배우에게 그것을 선물한다면 어떨까? 붕대 감고 진통제 먹고 잠시 누웠다 미친 잠이 내 머리를 누르는 걸 견디며 미친 잠을 치워뒀다 왜냐하면 한 시간 뒤 바로 그 배우의 연극이 시작하기 때문에! 나갈 채비를 해야지 총알 박혔던 자리를 머리카락으로 숨겼다
 나는 이렇게 지난 오십 년 동안 사랑하는 배우와 둘만의 비밀을 만들어왔다

강둑

오렌지나무와 별장을 생각하는 것에 중독됐어

그 별장에 묻었던 개를 생각해 흰 개였어 꼬리 흔들며 나를 따라다녔어 가져와! 공을 던지고 외치면 개는 공을 주우러 달려나갔어 빨랐어 오토바이 사고가 났어 붉은 핏덩이가 오렌지나무에 걸렸어 그날 이후로 오렌지 냄새를 맡을 수 없게 되었어 당신에게 이 이야기를 한 적이

없어

당신은 굴뚝 청소부였어 얼마 전에 그 일을 그만두었어 당신 얼굴이 이렇게 하얀지 몰랐어 놀랍다 자전거를 타고 당신을 데리러 갔던 날들이 생각나 당신은 굴뚝 안에 거꾸로 서서 열심히 일했지 당신은 물구나무에 중독됐고 나는 자전거에 걸터앉아 당신이 일을 마칠 때까지 강물을 봤어 강물을 보는 것을 멈출 수 없었어 내 귀를 강에 담그고 씻고 싶어 옷을 벗고 강에 들어갔어 개헤엄 쳤어 내 귀가 이렇게 하얀지 몰랐어 놀랍다 텅 텅 텅 누가 강물에 돌을 던지기 시작했어 가져와! 가져와! 외치고 있었어

복제

죽은 개를 너무 사랑했던 사람이 복제견을 데리고 왔다

은행나무 열매는 여름이 끝나자마자 미리 수거되었다

모두의 밑창이 깨끗하다

나는
벼락이 치면
거품 없이 맥주 따르는 일을 반복해서 연습한다

노랗게 채워진

공원

정갈하게 두 동강 난 은행나무를 보면서
유리컵을 기울인다

익숙한 풍경을 한 번에 들이켠다

익숙한 개를 사랑하는 사람과
내가

이제부터 오래 다툴 것이다
오래 다투다 긴 시간 참은 오줌을 함께 눌 것이다

외출

발바닥에 오일을 발랐어 그리곤 방 안을 마구 걸어다녔지

힘껏 미끌거렸다 그러다 넘어지면 되게 좋아
넘어진 이유가 타당한 것 같잖아?

당연하다는 말을 좋아했지 동지에 팥죽을 먹는 것처럼 살고 싶어 쫓아낼 것들을 세어가면서 동네를 지키는
개와 새와 쥐 들도 열심히 세어가면서

그들을 위해 따듯한 물을 그릇에 담아 매일 집 앞에 가져다 두었지 겨울에는 금방 얼어붙는 게 많고

오일 지나간 자리까지 굳었을 때

쪼그려 앉아
아홉 개의 발톱에 투명한 매니큐어를 칠했다
잃어버려도 걸을 수 있다던 사람을 생각하며 빠진 발톱 자리를 만져봤다

그 발톱 하나
아직 서랍에 있고

이제는 나팔꽃 화단에 묻어주자

몸을 일으킬 때

당연히 뒤로 넘어졌지

주저앉는 소리
듣고는
나팔꽃이 나에게 걸어오기 시작했어

심해

돌아올까?
내 등이

무릎을 구부려 앉은 좁고 차가운 철제 관람차
내려다보이는 하얀
언 바다 위를 걸을 때 누가 나를 뒤에서 밀칠 것 같다 무방비한 등을
연해주
알아본 적 없는 깊음으로 빠질 때 나는 등을 벗어 던져

그가 내 접시에 빵 하나를 올려 줄 때
확인받고 싶은 게 있어 왜 아직도 그럴까

골목을 가로지르며 집으로 돌아가는 무수한 등을 등지고
등을 구부려 혁명광장에 앉아 교회 뒤에 교회 교회 교회……
겹쳐지는 첨탑을 본다

그는 관람차에 내려

걷다가 내 등을 주웠대 깨진 바닷물 부츠 라이터 사이에서

그는 외투 안에 내 등을 넣고 걸었대 나는 몰랐어 근데 그런다고 그가 나를 아끼는 게 아니잖아

그렇게 많던 등이 다 어디로 옮겨 갔을까? 바닥에 깔린 타일 모양 턱을 괸 채 같이 잠드는 고양이 암모나이트 나선형으로 가라앉는 각설탕 커피를 마실 때 각설탕을 씹을 수 없다 그게 내 등이다

부표

집의 기억들에 베인다

벌어지고
쏟아지는

(   )

흉터

흉터는 뼈를 가졌다
그 뼈를
큰솥에 넣고 평생 고아 먹을 수도 있을 것 같다

집이 싫어
바다로 갔다

선 채로 떠다녔다
웃긴데 편안했다
그러려고 태어난 사람처럼

찰랑거리는 물결과 파도 알갱이를 가까이서 보는 삶이었다

찢기면 천천히 가라앉을 수 있는 부표였다

턱 코 눈 머리까지 순서대로 잠겨
물 밑에서 한 사람을 만났다

나한테 친절했다 친절하면 따라간다

바다 밑에는 성당이 있었다

나는 성당에 가본 적이 없어
그렇게 말하자
신기한 듯
커지던
눈동자

갖고 싶었다

월곡

대자보 찢기는 소리에 도망가는 척하는 새들

아무것도 죽이지 말고 졸업하자 우리
뭐든 쏠 수 있을 땐 그렇게 말했지만

친구가 뭔지도 모르면서 친구를 만들고 우리는 쓰기 싫어했다

종이는 언제나 종이가 되려고 반듯이 서 있었지

처음 대자보를 만든 날

너무 잘 썼다 너무 잘 썼어
친구들이랑 박수 치면서 담배 피웠지

교문 앞에서 모르는 카메라들이 잔뜩 질문할 준비를 하고 서 있었다

때문에,

우리는 아무것도 쓰기 싫어졌습니다 우리는 물었습니다 도대체 왜

하 하 하

공개방송 당했어
친구들이랑 좀더 친구인 척했어

내가 더 쓰기 싫어해요 아니요 내가 더 쓰는 걸 싫어하게 됐어요

말하고 말하는 동안
길고 좁은
강의실에선
새들이 하나씩
알을 까고
천장에는
나란한
가짜 빛

우리는 막 만들어진 종이처럼

우리는 우리라는 말을 처음 써본 것처럼

우리는 새에 대한 시를 썼었지

새가 있었다 큰 새
새는 계단을 내려가기로 했다 계단이 없을 때까지 내려가기로 했다 그러다 계단을 가로막는 더 큰 새를 만났다 더 큰 새는 걷는 법을 잊고 먹는 법을 잊고 보는 법을 잊고 쓰다가
잊는 법을 잊는 새

대자보를 붙이는 무리와 대자보를 떼는 무리가 번갈아가며 자국을 내는
조회대⋯⋯ 운동장⋯⋯ 도서관⋯⋯ 휴게실⋯⋯ 식당⋯⋯
강의실에서 다 자란 새들이

똥을 갈기며 날아가는 동안
우리는 끝내 누가 가장 쏠 수 없게 되었는지 몰랐고

찢긴 종잇조각들이 서로를 보호하며 날아다니고
가짜 빛이 창문에서 우리를 지켜봤지

학교는 이제 새로 뒤덮인 학교

카메라는 질문이 아니라
촬영을 위한 도구였지

우리는 우리를 위한 가짜 새를 선물하고 떠났어

피오니

작약을 사랑한 외계인이 있었다
하얗고 커다란 작약 한 송이를 조심히 들고 내려놓을 수 있는

외계인이
손을 펼치면 손바닥 안에 손바닥, 손가락, 손바닥, 손가락…… 무수한 겹으로 쌓여 있고

외계인은 다른 이와 손잡을 때마다 가지고 있던 손바닥을 하나씩 잃어버렸다 손바닥을 우수수수수…… 흘리고 돌아온 날에는 작약에 가까이 다가가 냄새를 맡았다 다시는 주워 담을 수 없는 손바닥들을 생각하며

너무 슬퍼하지는 않았다
작약이라 하면 꼭 약의 이름 같고 피오니라 하면 사랑하는 이의 이름 같아서

둥근 주먹 같은 피오니
봉오리 안에 잠든 수백 개의 돌기

웅크려 잠꼬대하는 비밀
꿈속의 춤들이 하나씩 발맞춰 꽃잎을 두드리고
주먹을 열게 하고
서서히 떨어뜨리고
시들게 하고

작약은 한 겹씩 외계인에게서 멀어지기 시작했다 피오니도 이제 잃어버릴 일만 남았구나 앙상해지는 하얀 작약 새하얗게 질린 손바닥을 가진 외계인은

남은 꽃잎 남은 손바닥 한 장씩 기꺼이 떨어뜨릴 수 있는 것끼리 손잡고 싶었다

외계인은 스스로를 피오니라고 불렀다

무릎

종료된 여름 속에

당신 아직 살아 있습니다. 까만 호수에서 오리가 알을 낳던 오후. 빛을 집어삼키던 호수. 우리 두 발을 나란히 붙이고 서서 그걸 지켜보던 날. 당신이 물속에 빨려 들어갈까 나는 무서웠습니다. 하얀 오리알이 입 벌린 호수 아래로 풍덩 잠겨 들어가는 걸 보면서. 당신 웃었습니까? 오리들이 꿈속의 나를 찾아와 발목을 깨뭅니다. 발목이 서걱서걱 잘려나갈 때까지 나는 잠에서 깨지 않아요. 예전부터 그러고 싶었으니까요.

여름과 오리 그리고 검정 그러나 빛에 대해 포기할 수 없지만. 당신에게 겨울을 주고 싶어 발이 없는 내가 무릎으로 기어서 당신 집으로 가고 있습니다. 그 집은 이곳에서 저곳이 되고 평평하게 있다가 반으로 접히며 높은 산에서 굴러떨어져 심해로 처박히는 집. 당신 아직도 그런 곳에 사세요? 마음이 아픕니다. 하지만 나는 내 몫의 마음만 아프려고 합니다. 당신 이사를 가세요. 당신 정착하세요. 당신은 정착하라는 말을 들으면 풀이 죽습니다. 이해합니다. 나는 갈린 무릎을 호호 불어가며 계속 갑니다.

십 년 동안 택시를 타고 함께 떠돌아다니던 날들 기억 나요?

우리 십 년 치 택시비를 낼 수 없어서 뒷좌석에 앉아 손 잡고 엉엉 울었습니다. 이제 정말 내려야 하는데 저 미터 기를 멈춰야 하는데. 우리가 지나쳐온 십 년의 풍경들 빈 차들 말끔해진 비포장도로들. 그 빛더미 전부 눈에 새겨 놓았어요. 택시 기사가 백미러로 우리를 훔쳐봤었죠. 그냥 지금처럼 셋이서 살면 안 될까요. 그렇게 청했지만 트렁크에는 우리가 연체한 계절들이 쌓여 있었어요. 당신에 겐 항상 얼어버린 발가락 냄새가 났습니다. 나에게도 그 냄새 옮았을까요.

이제 당신은 쌓인 눈을 수영장 하수구로 흘려보내는 일을 하고 있습니다. 여름의 종착지에서 일한다 믿고 있어요. 내가 도착하면 당신은 십 년을 다 잊은 얼굴로 반길 거예요. 당신은 나를 내려다보지 않기 위해 파란 수영장 바닥에 무릎을 꿇습니다. 바닥이 차갑지 않나요…… 내가 말하면 물이 빠르게 차오르기 시작합니다. 튜브처럼 우리 무릎이 떠올라요. 균형을 잃지 않으려고 당신이 발장구를 칩니다. 지금이에요. 오리 떼가 당신 발을 낚아채 멀리 하수구 구멍으로 도망갑니다. 어때요 하나도 아프지 않죠?

청

 여름을 사랑하는 사람이 있었다. 나는 그를 단,이라고 불렀다. 언제나 앞서가는 사람. 골동품 가게. 우리는 그곳에서 청록색 유리병을 만났다. 청록색 유리병 안에는 동전 몇 닢이 들어 있었다. 내가 동전을 세어볼 때 단은 유리병을 탐냈다. 이렇게 크고 단단하고 적당히 투명한 청록빛을 가진 유리병은 귀하다며

 단이 유리병을 들어 올리자 동전끼리 부딪히는 소리가 났다. 우리는 유리병을 데리고 기차를 타러 갔다.

 까맣게 탄 손등을 유리병 위에 포개고

 폭염 속에서 다들 어딜 가는 걸까? 여름을 사랑하고 사랑하지 않고를 떠나서 피곤한 사람들. 머리통을 고꾸라뜨리며 조는 사람들. 내가 잠이 오면 단이 유리병을 들고 단이 잠을 잘 때엔 내가 유리병을 들고 있었다. 둘 다 잠들면 안 돼. 유리병을 놓치게 될 거야. 데구루루 굴러 객실 끝으로 갈 거야. 무릎으로 바닥을 조용히 기어 유리병을 쫓아가야 할 거야. 기차는 계속해서 달리겠지. 숲을 지나는 중이겠지. 창밖으로 초록이 달려. 뾰족한 나뭇잎들이 유리창을 긁고 지나가. 깨지기 직전까지 얇아지는 유리창. 기차 마지막 칸까지 유리병이 멀어지며 요란하게 동전 소리

를 내겠지. 잠든 승객을 전부 깨우겠지. 눈을 뜨면 동공으로 쏟아져 들어오는 얇고 눈부신 여름을 목격하겠지만 단은 여전히 잠들어 있을 것이다.

지난여름의 단

커다란 청록색 유리병을 닦으면서 물이 아닌 다른 것을 담고 싶어졌다. 이를테면 거짓말을 빽빽하게 적은 만 원권 지폐 같은 것. 팔랑팔랑 한 장씩 담으면서. 유리병을 채운 그 돈으로 무엇을 해볼 수 있을까 알고 싶었다.

우리가 오랜만에 봤던 영화에는 파란 나무가 있었다.
파란 나무를 발견한 사람이 있었다.

가까이 다가가 보니 파란 페인트가 칠해진 나무였다. 누가 이런 짓을 한 거야? 그는 안쓰러운 얼굴을 하고 파란 나무를 도끼로 내리쳤다. 페인트 가루가 그의 옷과 머리카락에 달라붙었다. 그는 기침을 하며 잘린 나무를 트럭에 싣고 집으로 갔다. 나무로 식탁과 의자를 만들어 식사하고 생활하면서 그는 만족했다.

영화가 끝나고
너는 그 사람의 마음을 알 것 같다고 했는데. 나는 파란 나무의 마음을 영영 알 수 없을 것 같아서. 우리는 다투었어. 우리는 왜 그런 것에 자신을 쉽게 투영할까. 투영해놓고 왜 괴로워할까.

나는 네 마음을 알고 싶어 미칠 것 같은 날은 없었다.

넌 언제나 있는 그대로 말했으니까. 있는 그대로라는 건 네가 주머니에서 모노클을 꺼내 왼쪽 얼굴에 가져다 대는 것. 뺨과 눈썹 사이에 끼우고 왼쪽 눈으로만 세상을 확인하는 것. 네가 자세히 들여다보고 싶은 것을 내가 선택할 수 없다는 것.

그때는 영화표가 만 원이었다.

내 것이 아닌 문장만 갖고 싶어서 물과 빛에 대해 자꾸 썼다. 물에 반사된 빛이 어지럽게 반짝이고 그 사이로 돌이 가라앉습니다,라고 씌어진 것을
돌에 스며든 빛이 축축해지고 물은 어둠에 가까워집니다,라고 만 원 지폐에 옮겨 적어 유리병에 넣었다. 그렇게 돈이 차오르는 유리병을 목이 마를 때마다 들여다봤다. 바싹 마르고 건조한 계절에는 도마뱀이 되고 싶었다. 눈

껍풀에 맺힌 땀을 혀로 훔쳐 먹으면서 사막을 건너고 건너면서 한 번도 발자국을 돌아보지 않고 싶었다.

  페인트 냄새는 나무를 떠나지 않는다.

  우리는 쉬지 않고 일하면서 어색해졌다. 어색이라는 건. 입김을 불어 만든 유리병을 손에서 놓쳐 깨뜨리는 일. 목구멍이 비명을 지르며 허락도 없이 제 역할을 하는 일. 만들고 부수는 숨이 얼마나 가까운지 깨닫는 일.

  네 주머니에서 모노클을 빼내
  내 오른쪽 눈에 가져다 대면 보이는
  파란 식탁과 파란 의자
  한 사람이 앉아 퍼렇게 멍든 발등을 내려다본다.

  흩어진 유리 조각과
  멀리서 보면 나뭇잎 같은
  만 원 만 원

버스를 타고 일하러 가는 길에는 회전 교차로를 지났다. 한강공원 근처였다. 둥그렇게 돌면서 얼핏 강과 초록을 느꼈다. 이렇게 가끔 기울어질 뿐인데. 사랑하는 것들이 나를 사랑하는 속력으로 치고 지나갔다.

3부
어둠 속에서 얼굴을 굶기고 싶어

Free

마지막으로

선생님을 만나고 돌아오던 날. 저는 기차를 타고 모지코 항구에 갔습니다. 식당에서 카레를 먹었습니다. 따듯하고 뭉근한 것들을 입에 넣고 삼키며 치아를 잃어버리는 기분을 아세요? 조금씩 늙어가고 싶었습니다. 앉아 있는 창 너머엔 높은 배롱나무가 있었어요. 오래 산 것처럼 보였고. 그 아래에서 긴 밧줄로 줄넘기를 하는 아이들. 겁도 없이 뛰어드는 발목들. 하얀 발목들. 아무도 맨 뒤로 숨지 않았습니다. 그 어떤 갈매기도 날지 않았습니다.

전부 걸어 다녔습니다.

유람선이 있었어요. 손님들을 태우고 시모노세키로 가는. 대관람차가 있는 시모노세키. 손님들이 유람선에서 내려 차례대로 관람차에 오를 때까지. 기꺼이 원을 그리며 발밑을 두려워할 때까지. 저는 항구에 남아 있고 싶었습니다. 얌전한 갈매기 한 마리. 손가락으로 하얀 이마를 문질러주며 괜찮을 거라고 말해줬어요.

배롱나무는 추위에 약합니다.

식물원. 여름 식물만 가득한 온실에서 선생님을 처음 만났었죠. 바깥은 장마였습니다. 유리문에 수천 개의 손자국이 찍혀 있었습니다. 안과 밖이 달라서 우리는 다녀갔다는 표시를 그렇게 남기잖아요.

아무리 걸어 나와도

바다 앞이었습니다. 모지코 항구의 끝. 선물 가게에서 오르골 소리가 들리기 시작했어요. 끝나지 않는 음악. 태엽을 누가 계속 감고 있는 걸까? 유람선에 타지 않은 사람들이 그렇게 모이기 시작했어요. 저도 거기 있었어요. 우리는 천천히 걸으며 가까워지며 보았습니다. 두 개의 오르골. 어린 쌍둥이 자매가 나무 오르골 손잡이를 돌리고 있는 모습을.

free

 부부는 편지를 기다린다.
 부부에게는 아들이 하나 있었다고 했다. 아들은 부부를 떠났다고 했다. 죽었다는 게 아니라 그들을 영영 떠난 것이다. 다시는 찾을 수 없는 곳으로 어떤 힌트도 없는 곳으로 묵묵히 걸어가며 살겠다고, 끝까지 살겠다고 했다. 부부가 내게 이 이야기를 했을 때 나는 혼란스러웠다. 나는 부부에게 딸이 있다고 들었기 때문이다.

 하나뿐인

 나에게는 남편이 있었다. 아니다 나에게는 아내가 있었다. 아내는 떠났다. 다시는 찾을 수 없는 곳으로 어떤 힌트도 없는 곳으로 걸어가며 살겠다고, 끝까지 살겠다고 했다. 아니다 남편에게는 아내가 있었다. 남편이 아내에게로 영영 떠났다. 다시는 찾을 수 없는 곳으로 어떤 힌트도 없는 곳으로 뛰쳐나가겠다고 했다. 아내가 나를 찾아왔다. 남편이 자신을 영영 떠났다고 찾을 수 없는 곳으로 가버렸다고 그래서 나를 찾으러 왔다고 보고 싶었다고 내 몸을 안아주고 가버렸다. 다음 날엔 남편이 찾아왔다. 아내가 아닌 당신을 찾으러 왔다고. 너는 내 딸이야. 내 딸. 남편이 나를 끌어안으며 울었다. 아내는 어떻게 하고요?

 흔적 없이 사라졌던 사람이 돌아와 매일 문을 두들긴다

 그 소리를 듣고 잠에서 깬다. 편지지와 연필을 들고 바깥으로 나간다. 오래된 공원에 앉아 있으면. 그 공원에 앉아 누구에게도 보낼 수 없는 편지를 쓰고 있으면. 남편과 아내가 번갈아 내 집에 다녀간다. 가장 깨끗한 컵 하나가 식탁에 올려져 있다.

 그것을 창밖으로 던져 깨뜨리고 싶다

내가 아는 폭력

 내가 아는 폭력과 네가 아는 폭력이 이렇게 다를 줄 몰랐어.

 뜨거운 모래를 밟고 선 두 발. 나체에 숄만 두른 소녀가 걸어서는 갈 수 없는 예루살렘을 생각하네.

 소녀는 생각하고 있을 거라고. 단언하는 내가 폭력적이라고 너는 말했어. 말문이 막혔지만 화를 내거나 울진 않았어. 그럴 일은 아닌 것 같아서.

 행복하고 싶어. 너랑 오래 함께 행복하고 싶어. 나는 네게 무엇도 휘두르지 않고 너는 나에게 어떤 멸칭도 붙이지 않은 채. 폭력과 가장 먼 곳에서 웃고 싶어.

 그런 웃고 싶은 욕망이 매일 저지르는 가장 큰 폭력.

 나체에 숄만 두른 소녀는 마른 몸을 가졌을 것이며 슬픈 표정으로 먼 곳을 응시할 뿐이라고
 너와 내가 생각해버리곤 하지.

오해와 오후의 해

 해바라기는 새카맣게 탄 얼굴을 가졌지 우는 사람의 두 볼이 둥글게 부풀어 올라 눈물이 신나게 미끄러지는 한낮 두 손을 모아 앉는다 오늘은 아무도 울지 말라고 하지 않기를 오늘만큼은 실컷 울 수 있기를 우산 없이 빗속을 걸으며 속옷까지 젖기를 컵에 담긴 물을 쏟기를 엎질러진 물을 치우는 손이 자신의 손이 되기를

 평평한 손톱 끝으로 뺨을 쓸어내렸다 수천 개의 발걸음이 지나간 해변의 모래를 만져보듯 그렇게

 웃는 사람의 잇몸을 더듬어보던 혀처럼 그렇게

 동시에 숨고 동시에 뱉어지는 파도 같은
 웃는 사람의 잇몸

 열려 있는 발코니

 용과와 칼
 테이블과 선 베드

해변의 산책자들 모르는 정수리들 웃는 사람과 나란히 앉아 듣던, 「Sunset in the Blue」

만약 태양을 깎을 수 있다면 껍질을 벗기고 반으로 가를 수 있다면 기쁨과 고단함이 몸을 섞으며 쏟아내는 붉은 즙을 삼키고 반의반으로, 반의반의 반으로…… 깎은 태양을 한 조각씩 바다에 퐁 퐁 퐁 빠뜨릴 수 있다면

장관일 거야

난도질당한 태양 껍데기는 그냥 버려지겠지

칼 한 자루만 남기고

웃는 사람이 우는 사람의 입에 용과를 잘라 넣어주면
훔친 알을 먹는 기분이었다

해바라기가 새카맣게 탄 얼굴을 들이밀며 물었지 사랑에 얼마나 더 많은 오해가 필요한 건지 우는 사람은 흰 종

이를 펼쳐 반으로 찢고 또 반으로 찢고 찢고 찢는다 더 이상 가늘어질 수 없을 만큼 찢어지는 소리가 빗소리 같아서 흐르고 모이고 고이는 소리를 이해하고 싶어서 비가 내리지 않는 날에도 젖는 얼굴이라서 찢은 종이를 뭉쳐 얼굴에 비벼도

 아프지 않다고 웃는 사람에게 말했지만

 웃는 사람은 궁금했다 아무리 옆에서 웃어도 배를 잡고 굴러도 울음을 멈추지 않는다면 눈물로 흥건해진 이불을 덮고 자는 것이 당연하다면 대리석에 반사되는 전구 오너먼트가 당신과 함께 울어준다고 믿는다면 웃는 내가 왜 필요해?

 태양을 삼킨
 밤바다
 서로를 겨우 알아볼 수 있는 어둠
 서로의 웃음을 겨우 짐작할 수 있는 어둠 속에서도
 누군가를 찾아 나서는 해변의 즐거운 사람들 사이로

더는 서로를 찾지 않는 일도 일어나고

우는 사람은 생각했다 만약 바다에 둥지를 틀 수 있다면 높은 산에서부터 하나씩 모인 물길들이 선이 되어 엉키고 서로를 위해 웅크린다면 부표처럼 떠다닐 물의 둥지 마지막 태양 한 조각을 그 안에 넣을 수 있다면

태양은 고맙지 않을 것이다

그저
천천히 식어가겠지

가정

사람을 묶어놓고 차가운 물을 한 방울씩 천천히 이마 위로 떨어뜨리는 고문이 있다

고문을 행하는 고문관은 물이 흐를 수 있다는 사실을 믿기 어려워졌다고 했다

몸속에는 피가 흐른다 실내에는 음악이 흐른다 흐르는 것은 나를 다른 곳에 데려다 놓을 줄 알았다

법정 재판 중에 잠들었다는 사람의 이야기를 읽었다* 몸을 버리고 어디론가 떠나고 싶은 충동이 내게 친한 척 했지만

십일월의 빗속에서 떨면서 집까지 걸어갔다 늘 그랬다

부러진 나뭇가지를 모아 화병에 꽂아두었다 아무렇게나 뻗은 가지 끝마다 서로 다른 것을 가리키고 있었다

* 마리아 투마킨, 『고통을 말하지 않는 법』, 서제인 옮김, 을유문화사, 2023.

담금질

유람선에 차례대로 오르는 사람들
저마다 거울을 들고 서 있다
나는 나의 얼굴만 본다 너는 너의 얼굴만 보고
바다를 건넌다
배에 실린 것은 옥수수
사람들이 옥수수를 전부 먹어치울 때쯤
유람선이 옥수수 심으로 세워진 도미노 왕국에 도착한다
그곳에는 침냄새가 진동하지 서로를 물고 빨았던 연인들은
이제부터 세상의 모든 사물이 몽둥이로 보일 것이다
그렇지만
온몸을 얻어맞은 것처럼 아프다는 게 정말로 온몸을 얻어맞은 건 아니라서
연인들은 버틴다

선착장에는
한 사람이 남아 있다
뜨거운 바다 위로 김이 피어오르는 것을 본다
그는 간혹 자신이 사랑하고 싶은 줄 알았다

온몸을 뒤흔드는 소원 숨구멍으로 튀어나올까 숨죽이며 조용히 옥수수를 먹을 때

갈매기가 선회하며 그의 소원을 낚아챌 궁리를 한다

갯강구가 버려진 슬리퍼를 뒤덮는다 조금씩 움직이며 방파제 사이로 사라지는

오렌지빛 석양

잠시 파도를 식힌다

조개를 줍던 아이들이 서로의 것을 탐내다 서로를 밀친다

유람선에 타지 않은 사람은

누구의 뼈도 부순 적 없지만 오로지 자신의 뼈만 부수며 살았지만

아이들은 손가락질했다

다른 사람을 위하는 마음이 전혀 없다면서

다른 사람? 위하는 마음? 그는 모르는 것을 알고 싶고 모르는 것을 여전히 모르고 싶어 하며 열심히 옥수수를 허문다

아무것도 남지 않은 심을 바닷물에 담근다

녹아 사라진다

미쳤다고 했다

이 풍경은 미치지 않았다 강아지도 미치지 않았고 날씨도 미치지 않았다

막 걸음마를 뗀 아기가 어른의 손을 잡고 뒤뚱거리며 걸어간다
지나가는 사람들이 그걸 보면서
손으로 입을 가리고
와 진짜 미쳤다,라고 말한다

엄청나게 귀엽다는 뜻이야, 내 옆에 서 있는 미친 사람이 말해준다
그렇구나…… 하면서도 끄덕거리지 못할 때

내 옆에 서 있던 미친 사람이 비눗방울을 불면서 뛰어간다

사람들이 그를 쳐다본다
그가 너무 아름다워서
봤어? 미쳤다,라고 감탄한다

어떤 유리는 너무 얇아 입김에도 깨질 것 같고 어떤 유리는 미친 사람의 입속에 가득하지
그가 훅 불면 후루루루…… 쏟아지는 비눗방울
안에
가두어진 한 장면

(저 사람 좀 봐, 자기랑 똑같이 생긴 아이를 때리고 있어)
(저 사람 좀 봐, 자기랑 똑같이 생긴 아이)
(저 사람 좀 봐)
(봐)

퍼렇게 멍든 비눗방울이 순식간에 터진다
숨처럼

다시 돌아와 그가 내 옆에 앉는다
내 옆에 앉은 미친 사람이 산책하는 아이들과 강아지와 가족들을 보면서
안심하듯 웃으면

그의 입에서 깨지지 않는 유리구슬 하나가 툭 하고 굴러떨어진다

나는 조심히
그의 무릎을 베고 누워 흔들리는 이팝나무를 본다
오월의 도심 숲
서로의 어깨를 때리며 즐거운
사람들 사이로 유리구슬이 멀어진다

칠

 일곱 쌍둥이를 낳았었지. 이해해야 했어. 이해? 십이월에는 역할을 자처하는 연인들이 손잡고 걸어갔다. 자리를 찾아 떠돌았지. 혼자 영화관에 가서 영화를 보고 싶었다. 어둠 속에서 얼굴을 굶기고 싶어. 하지만 일곱 쌍둥이를 낳았으므로 …… 백이십 분 남짓의 시간과 어둠이 주어질 수 있었겠어?

 사거리 교차로에서 자유를 생각했다

 자유와 기다림은 가장 멀리 있다

 이렇게 시작했던 일기장
 마지막 페이지에 적어두었던 것

 자유와 가까이 있는 것은?
 걷기, 흰색, 돌, 수면과 꿈, 처방, 커피, 모래, 담요, 가로수, 언덕, 연필, 포도, 일기, 수건, 춤, 연극, 스케치, 카레, 고래, 부츠, 정오, 유채꽃, 스스로 감당하기, 새

자유와 멀리 있는 것은?

기다림, 거울, 시계, 유리창, 구두, 등대, 역할, 투자, 소비, 뉴스, 명함, 담배, 플라스틱, 비행기, 주머니, 답장, 장갑, 은행, 숫자, 우산, 카메라, 신발장, 성냥, 메일, 호수

이해하고 싶었던 것들이 등 뒤에 서서
수만 개의 손가락을 펼치고 나를 밀쳐 넘어뜨릴 준비를 하고 있었지

예쁜 소문들 소문이라는 이름의 아이들 나는 곤충에게만 친절한 사람 걷고 걷다가 걸음을 포기한 사람 인공 분수 앞에 앉아 밤 열한 시에 당신을 생각했다 당신 아이는 이십 개월이 넘도록 걷지 못했다 사람들은 더는 그것에 관심이 없다 당신 아이는 이제 걷는가? 당신 아이는 이제 학교에 다니는가? 당신 아이가 당신처럼 걸어서 학교에 가는 것을 상상해본다 당신 아이가 내 아이라고 착각하던 고향 사람들 그들은 아직 아이를 낳고 싶은가?

칠순을 넘긴

여자들에게 둘러싸여 국화차를 끓였다 나는 일곱 쌍둥이 이야기를 했다 어떤 여자가 내게 불쌍하다고 했다 나를 보는 얼굴이 진심으로 안타까워 보여 그를 안아주었다 그리고 이렇게 말했다

당신 자식이 당신에게 했던 모든 말들을 모아 만들어진 몸이

나라고 생각해요

바람과 양각
물레
쌓아 올리고 무너뜨리는
두꺼비집

내 일곱 쌍둥이들은 거기 산다

너 괜찮아? 그렇게 묻는 사람들끼리 합정역 삼 번 출구에서 만나 인사하고 나는 사랑하는 곤충에게 편지를 쓰고 있다 열심히 갈 수 있지?

수군거림? 거울? 체크무늬? 소나타? 마스킹 테이프? 이 집트? 라테? 젓가락? 고목나무? 바리케이드?

절벽에서 닭장까지

      가루가 되어 떨어지는 눈물은 어떤 소리가 나는가?
              너는 지금 어디에 살고 있는가?

  닭장에 살고 있습니다. 여전히
  잇몸에서 손톱이 자라고 있지만 손이 입속을 헤집도록 그냥 둡니다. 아주 오래 말없이 지냈으니까요. 잇몸을 드러내며 활짝 웃을 뿐. 치아 대신 박혀 있는 촘촘한 손톱. 핏방울이 동그랗게 맺혔다가
  잡초 위로 똑똑 떨어집니다. 그 자리에 피어나는 맨드라미 빨갛게
  발목을 조여오던
  빨간
  털실 양말을 벗어두었습니다.

  양말 안에 넣어둔 것은 달걀

  당신이 내게 주었던 달걀입니다. 당신 주머니에는 언제나 달걀이 들어 있었잖아요. 나는 그 주머니를 갖고 싶었어요. 달걀이 아닌, 달걀을 넣을 수 있는 바로 그 주머니.

내가 입는 옷의 주머니는 얕고 헐렁했습니다. 내 주머니에 넣은 달걀을 흘리면 잃어버린 게 아니라 처음부터 없던 것이 되었습니다. 무엇을 가지고 다녔는지도 모르게 살았으니까요. 절벽 위의 집에서 매일 문을 열고 발을 내딛고 추락했으니까요.

절벽 아래는 빽빽한 눈알 무덤
둥글고 축축한 그건
당신 눈알이었어요

입속에 손톱이 붙어나는 나처럼. 눈알이 붙어나는 당신. 새로 자란 눈알이 보고 있는 눈알을 밀어내 눈알이 똑똑 굴러떨어지는 당신.
낭떠러지에서
새로 보는 눈. 새로 봐야 하는 눈. 나는 당신 맨눈에 파묻혀 있었습니다. 주먹을 쥐고 절벽을 올라 매일 집으로 돌아왔습니다. 주먹을 펼치면 내가 가져온 당신 눈알. 괘종시계 추에 매달고 추락을 잊지 않기로. 잇몸에 달린 손끝으로 혀를 깨물며 다짐했습니다. 벼랑 끝으로 흩날리는 핏방울. 저 멀리 눈알들이 나를 보고 있었어요.

여전히 당신만이 나를 제대로 보고 있기를 원합니다

우물거리던 손톱을 뱉고 맨발로 닭장에 서 있습니다. 이곳엔 눈알 대신 닭똥이 굴러다녀요. 방금 태어난 병아리가 떨어진 손톱을 쪼아 먹어요. 잘 먹고 잘 자면 닭이 됩니다. 당신이 내게 주었던 달걀은 양말 안에서 따뜻해지는 중입니다. 더 기다릴 수 있어요. 다 자란 맨드라미를 꺾어 다 자란 닭 머리에 씌워줍니다. 닭이 가만히 나를 올려다봐요. 정오를 알리는 괘종시계. 추가 흔들려요. 길게 늘어진 눈알이 흔들려요. 손톱이 잇몸을 밀고 올라옵니다. 잇몸이 마르도록 내가 웃는 걸, 당신 보고 있나요?

튤립 축제

치마 입은 원숭이가 튤립 한 송이를 건넸다

고마워, 내가 말하자 원숭이는 치마를 벗더니 다리털 사이사이 이를 잡기 시작했다

시원하게

나도 치마를 벗고 튤립 한 송이 들고 계속 걸어갔다 마을에선 축제가 한창이었다 사람들은 먹고 마시고 소리 지르고 키스하고 욕하고 즐거웠다 튤립밭에서

빨강빨강빨강이 빨빨빨빨거리며 돌아다녔다

빨강을 쫓아갔다

너무 빨라서 거의 네발로 기어가면서

입에 튤립 한 송이를 물고

마을을 그렇게 밤새 돌았다

아침이 되어

뒤돌아보면 치마 벗은 원숭이가

입맞춤을 기다리고 있었다

귀와 종

커다란 빗금이 어깨에 꽂혀 겨드랑이로 빠져나왔다

택시를 타고 북촌을 지나가는 도중
신호가 바뀌어 멈춘다 나는 창밖에 있는 의상실을 본다

택시 / 나 / 유리 / / 유리 / 의상실

가까운 얼굴 하나
먼 얼굴 하나
유리에 비친다

더 잘 보이는 얼굴이 내 얼굴이라고 믿는다

마네킹은
자신의 몸이 몸이라 믿고
문을 열고 나온다

수십 개의 시침 핀을 얼굴에 꽂고 나온다

나는 택시 안에 있다

도쿄에서 택시비가 없어 너와 두 시간을 걸었던 날 극단 마마고토의 연극 「우리별」을 보고 나왔던 길 우주의 모든 가족 흰옷을 입고 손잡고 둥글게 춤추며 노래하던 탄생과 죽음 너무 좋아 재밌었어 나는 네 어깨를 만지며 웃었지 웃으면서

핵무기를 생각했다

트리니티 실험이 있던 날 인근 야영 지대에서 캠핑을 하던 소녀들은 아무것도 몰랐다
하늘에서 하얗고 포슬포슬한 눈이 내린다며 손을 잡고 원을 그리며 춤을 추었지

전부 서른 살 이전에 죽었다

내일이 내년이

올 거라는 생각으로 옷을 사고 옷을 입고 옷을 세탁하고 옷을 널고 옷을 다리고 옷을 개고 옷을 걸어두고 가장 아끼는 옷을 입고

우에노 공원에서 수첩을 펼쳐 연필로 숫자 3과 0을 크게 적었다 너에게 보여주었다 해피 버스데이 투 유! 우리는 손뼉을 쳤다 뜨거워진 너의 손바닥을 내 뺨에 가져다 대면

새똥 냄새가 났다

북촌에서 너무 가깝게 스쳐가는 비둘기 떼와 도무지 모른 척할 수 없을 만큼

커다란 빗금
말을 후려치는 채찍

미터기

마네킹이 택시를 불러 세운다

얼굴에 반짝이는 뾰족한 빛 택시 유리창에 반사된다 가느다랗게

\\\\\\\\\\\\\\\\\\\\\\\\\\\\
\\\\\택시 / **나** / 유리 / / 유리 / 의상실\\\\\
\\\\\\\\\\\\\\\\\\\\\\\\\\\\

유리창에 뺨을 가져다 대면 피부 밑 핏방울이 순식간에 차가워져

테러 전쟁 원자폭탄 해일 지진 질병 지진 해일 원자폭탄 전쟁 테러

내 몸을 가득 채우는

뾰족이야
나는 지금 한국이야

너는 두 마리의 새를 기른 적이 있다

새의 이름은
귀와 종
미미와 카네

잘 듣고 잘 울고

네가 처음 비행기를 탔던 날 처음으로
너의 발밑에 격납고가 있었어 너는 기뻐했어 쇳덩이에 몸을 싣고 날아오르는 것에 대해 귀와 종에게 얘기해줄 거라고

날고 날아서

연한 색의 먼지가 될 거라고

그런 말을 지켜

죽은 사람을
기다리면서

잘 울고 잘 듣고

세상의 모든 고통이 이어져 있다고 수첩에 옮겨 적으면

내 얼굴에서
후드득 떨어지는 시침 핀

마네킹이 택시 문을 열고 동승한다

4부
별장에서 발췌한 세 가지 기록

1

택시

동생은 택시에서 태어났다.

엄마와 나는 칠 년 동안 택시를 타고 떠돌아다녔다. 칠 년 치 택시비를 낼 수 없어서

택시는 집이 되었다.

택시 기사는 엄마를 조수석에 앉혔다. 나는 뒷좌석에 앉히고. 택시 기사는 뒤돌아보지 않았다.

잘 시간에는 택시를 세우고 문을 잠갔다.
미터기 숫자는 언제나 치솟았다.
미터기는 그러라고 있는 거였다.

택시 기사와 엄마는 시트를 뒤로 젖혀 누워 잤다. 뒷좌석의 나는 엄마의 긴 머리카락을 덮고 웅크려 잤다.
택시 기사는 백미러를 통해서만 나를 보았다. 눈을 마

주치려고 하면, 나는 엄마의 머리카락을 내 정수리 끝까지 덮어 눈을 숨겼다. 그리고

언젠가 창밖으로 스치듯 봤던 것을 생각했다. 양팔을 벌려 아무것도 걸치지 않고 한자리에 서 있을 수 있는 것. 그것을 풍차라 부른단 걸 나는 나중에 알게 된다. 언젠가 그렇게 살아야지. 아주 오래 바람을 맞아야지. 날리는 머리카락. 털. 내가 가진 모든 털이 거추장스럽겠다. 미리 뽑아야겠다. 나는 엄마의 머리카락을 덮고 밤새 나의 털을 손톱으로 하나씩 뽑곤 했다.

여동생이 생겼다.

동생이 태어나자마자 택시 기사는 이제 내가 필요 없으니 택시에서 내려도 좋다고 했다. 기사가 택시를 잠깐 세우자 엄마는 나에게 동생을 건네고

택시 기사의 머리를 발로 찼다.

엄마의 머리카락이 내 몸에 엉켜 꽉 조였다.
울었다.

동생은 막 태어났으니 울고.

터널이었다.

택시 기사는 기절하지 않았다.

……278,564,391
……278,564,392

계속 올라가는

미터기 숫자
택시 기사의 주먹

……278,564,393

엄마의 모든 것이 멈췄다.

택시 기사가 동생을 안고 있는 나를 끌어 내렸다.

내 몸에 들러붙은 엄마의 머리카락이
찍 끊어졌다.

웅웅웅웅
끽끽끽
택시는 엄마만을 싣고 멀어졌다.

나는 그날 이후로 운 적이 없다. 동생은 지금도 믿는다. 밀린 택시비를 모두 지불하고 엄마가 택시에서 내려 우리를 찾으러 올 거라고.

터널은 축축했다. 무릎을 펴고 넘어진 몸을 일으켜 세웠다. 동생 머리가 휘청일까 가슴에 딱 붙여 안고.

미터기처럼 뛰었다.
미친
긴
터널을 벗어날 때까지. 아무도 마주치지 않았다. 사람

같은 것을 봐도 사람인가? 확신할 수 없었을 테지만. 택시에 있어서만큼은 다른 택시들과 헷갈리지 않고 그 택시를 한눈에 알아볼 자신이

  지금도 있다.
  열두 살이었다.
  셋 넷 둘 둘
  다리 다리
  다리 다리
  빛
  빛
  터널의 끝. 숨 막히는 숲. 공동묘지.

  택시 밖에서 처음 만난 사람들은 죽어 있는 사람들이었다.

  아기 동생은 울다 기절한 지 오래였다. 나는 볼록한 어느 무덤의 배에 몸을 기댔다. 이러면 안 되는데 동생을 살펴야 하는데 생각했지만. 그 무덤은 너무 아늑했다.

꿈은
놀이터에서 시작됐다.

양 갈래로 머리를 땋은 여자 친구들과 한참을 놀았다. 그건 놀이터 모래밭에 꼿꼿이 서서 아무것도 안 하는 놀이였다. 이게 노는 거야? 근데 그 머리 어떻게 묶은 거야? 내가 묻자마자.
이제 집에 갈 시간! 친구들은 외치며 달려갔다.
골목 사이로 사라졌다. 나는 친구들이 흘린 모래를 쫓아 따라갔다.
골목 끝에
택시가 일렬로 서 있었다.
다녀왔습니다.
친구들은 뒷문을 열고 택시를 탔다.

별장

눈을 뜨니 동생과 나는 별장에 누워 있었다.

오래전에 도서관이었던 곳이다.
마지막으로 남은 한 명의 사서가 그곳을 거처로 삼고 있었다.

*택시 밖 사람도 대부분 집이 없었다.
집이 뭘까?*

도서관은 원래 먹고 자는 곳이 아니야. 사서는 말했다.
그래서 별장이라고 불렀다.

사서의 가족은 전부 죽고 공동묘지에 있었다. 동생과 내가 기절해 있던 무덤은 사서의 언니가 묻힌 곳이었다.
사서는 우리를 데려와 씻기고 먹이고. 씻기고 먹이고. 나도 동생을 재우고 먹이고 재우고 먹이고 그러다 재우고.

마당에 누워 햇볕에 살이 타도록 있는 걸 좋아했다.
이곳에 있었던 사서들의 두꺼운 일지를 외울 때까지 읽

는 걸 좋아했다.

거기에 적혀 있던 고아들의 인상착의.
나는 창고에서 그와 비슷한 옷을 꺼내 입고 놀았다. 그 놀이는 동생이 크면 같이 하고 싶은 놀이 중 하나였다.

낯선 사람들이 별장에 찾아오면 함부로 웃지 말라고 했다.

사서는 언제나 머리카락이 짧았다. 동생과 나의 머리카락도 어깨를 넘지 않게 했다. 나는 엄마가 너무 보고 싶은 날에는

머리를 기르고 싶어요!
하고 외쳤다.
그렇게 외치는 날이면 머리카락에 관련된 책을 열 권 읽은 다음에, 머리카락을 주제로 독후감을 써서 가져오라고 했다.
나는 독후감이 싫었다.

그건 형벌이었다.

머리를 기른다고 엄마를 닮을 수는 없었다.
엄마를 닮은 건 세상 어디에도 없었다.
심지어 동생까지도

동생은 커지고
나도 커졌다.

나는 점점 털이 많아지기 시작했다. 종아리 허벅지 팔 겨드랑이 인중 손가락 발가락 털 뽑으면 뽑을수록 숱이 불어났다.
동생은 털이 하나도 없었다. 가뿐했다.

나는 풍차가 되려고 했는데
바람이 불면 털이 엉켜 세상 모든 찌꺼기가 내 몸에 엉길 것 같았다.

다른 여자들도 나처럼 털이 많을까 궁금했다. 정기간행

물실 잡지를 전부 읽었다. 잡지 속 어떤 여자도 나보다 털이 많지는 않았다.

잡지

한 여자의 인터뷰 기사를 봤다. 여자는 택시 기사였다. 오래된 잡지 속 그 여자는 택시 기사의 고충과 보람을 말하고 있었다.

운전석에 앉아

너무나 친절히 웃어 보이는 여자. 나는 그 사진을 찢어

사서 일지 맨 뒷장에 붙였다.

사서

아무도 찾지 않는 도서관

집을 잃은 이들이 이어간 별장의 기록
나는 궁금했다

사서는 여자만 될 수 있나요?
왜 그렇게 생각하지?
일지 쓴 사람이 전부 여자잖아요
왜 여자라고 생각했지?
여자가 아닌가요?
그게 중요하니?

                    언니가 죽었을 때 어땠나요?
                        슬펐겠지
                  왜 추측해서 말해요?
                      잘 기억이 안 나.

                  언니는 어떤 사람이었어요?
          언니는 멀고 높은 곳에 서 있는 걸 좋아했어

멀고 높은 곳
사서는 말을 이어갔다

언니와 내가 마지막으로 갔던
옥상은 사람들이 모여 사람을 찾는 곳이 되었어
사람들 아직 집에 있을까 안전할까

불 켜진 집
창문 너머 흐릿한 빛
조금 안심한 눈으로
언니를 올려다보면
언니는 아무것도 찾지 않는 얼굴을 하고 있었어

그렇게 말하고 사서는 잠시 처음 보는 얼굴이 되었다
내가 그 얼굴을 십 년 전 신문처럼 들여다보자 사서는 자리에서 일어나 블라인드를 내렸다

옥상

나도 옥상에 간 적이 있다

옥상 땡볕 아래에서
동생에게 개를 보여줬다

새끼 낳은 개 한 마리
겨우 눈 뜨는
작은 개들
우산 씌워 햇빛 가려주고
동생 손이 강아지 맨살을 조심히 만지게 하면

색색대는 개의 숨소리만 들리던 곳. 동생의 등 뒤로 멀리 보이던 마을. 유리창은 전부 깨져 어떤 빛도 반사될 수 없는데. 동생의 환한 얼굴은 부서질 것 같던

옥상 이전에
사서가 들려준 이야기
사람들이 옛날에 개를 사랑했던 얘기. 개를 사랑해서 집에서 길렀던 얘기. 개와 침대에 눕고 산책하고 털을 빗

어주던 얘기. 개털이 온몸에 들러붙어도 껴안던 얘기. 그렇게 살던 사람들이 집을 잃고 개와 함께 떠돌아다니던 얘기. 마트 은행 식당 학교에서 개를 데리고 웅크려 자던 사람들 얘기. 훔쳐 먹을 수 있던 모든 걸 훔쳐 먹던 얘기. 개를 훔쳐 먹던 사람들 얘기까지.

사서는 사실대로 말하는 것을 좋아했다

동생에겐 아직 사실이 필요하지 않았다

동생은 이름이 필요했다

이름

이름을 갖고 싶은 사람만 자기 이름을 직접 지을 수 있도록 해야 해
사서가 주장하던 말

나는 사서 몰래
일지에 적힌 고아들 이름으로 동생을 부르곤 했다. 더는 적히지 않고 이곳을 떠난 아이들. 언젠가 만나면 친한 척해야지. 내가 그 애들을 동생처럼 부르면 그 애들은 놀랄까. 너는 누구냐고 내 이름을 묻겠지. 내 이름? 그제야 발음해보는
이름
엄마가 가끔 불러주던 내 이름
엄마가 나를 낳기 전 기르던 개 이름

마시

엄마를 버리고 간 개
집을 잃은
엄마가 뱃속의 나를 선택할 수 있게 떠났다던 개

엄마는 택시 창밖으로 개를 보면 눈을 못 뗐었지. 마시와 닮은 개가 있으면 택시 문을 잡아당기고. 하지만 문은 열리지 않았다.

엄마와 눈이 마주친 개들은 꼬리 흔들며 택시를 뒤쫓아 왔는데. 그래서 그 개들은 마시가 아니었다. 마시는 엄마를 못 본 척하고 도망갈 테니까. 비쩍 말랐던 그 개들 전부 어디서 온 걸까. 무엇을 떠나온 걸까.

사서는 동생과 내가 언젠간 별장 밖으로 가야 한다고 했다

직접 지은 이름과 함께

나는
개 다섯 마리와 동생을 함께 데리고 다닐 수 있을까?

생각하며
옥상에 쭈그려 앉아 있던 날

땀이 흐르면 감추고 싶었다
깊은 털 속으로

마시

내가 알고 있는 단 하나의 이름

마시
는 엄마의 이름을 모른다
는 사서의 이름을 모른다
는 택시 기사의 이름을 모른다
는 일지 쓰던 사서들 이름을 모른다
는 일지에 적힌 아이들 이름을 안다

그게 아이들이 갖고 싶은 이름이었을지는 모른다

나는 마시가 아닌 어떤 이름을 갖고 싶었는지

깜빡
마시의 눈으로
감았다 뜨면
처음 보는 광경으로 돌진하는

나는 택시를 운전할 수 있다

터널

세상에서 가장 가느다란 목소리를 옮겨 적는 일
그건 우리의 머리카락에 씌어져 있단다

멈추지 않는 미터기의 꿈속에서 나는 이런 것을 보았다.

페달을 밟고
속력을 높여
머리카락이 벗겨질 것처럼
두피가 뒤로 바짝
당겨질 만큼 달려
지붕 잃은 택시를 훔쳤지
멈추지 않는 미터기 숫자

터널이 길고 어두운 이유는
머리카락 때문이다

(드디어 머리를 길렀네!)
이제부터 아무것도

배우지 않는 삶을 산다

조수석에는 텅 빈 일지가 한 권
나는 머리카락에 소원을 적는다

일지에 붙인다
하루에 한 올씩 적고 붙인다
아주 충분하다

언젠가 이 일지를 엄마에게 선물할 것이다
엄마가 우리를 보러 올 수 없다면 내가 더 미친 속도로
엄마를 찾으러 가면 된다

풍차

언젠간 동생이 나를 풍차라고 불러줬으면 좋겠다

제자리

나를 방해하는 건

숫자뿐인

천천히 돌아가는 날개

바람을 실어 나르는 커다란 어깨

깨끗한 두 팔은

아무 곳에도 가지 않음으로 완성되는 거야

고장난 숨

망가진 숫자

미터기와 택시

고속도로

폭격을 피해 살아남은 단 하나의 풍차 새하얀 풍차 목이 꺾이고 주저앉은 풍차 사이를

머리카락으로 훔쳐봤던

가장 멀고 조용한 행복

동생은 모른다

좋다

2

택시

택시는 아이들을 싣고 온다 택시는 아이들을 두고 떠난다 아이들은 다리를 가졌다 다리를 움직여 택시에서 내리고 걷는다

여기 택시가 한 대 있다
택시를 운전하는 사람이 있다

버려진 택시를 터널에서 발견한 그는 소매치기다 그리하여 그는 편지를 배달하는 사람이 되었다 마지막 집배원이 되었다

그렇지만 그는
줄 생각이 없다
편지든 택시든

그저 달린다 뒷좌석에 모르는 이들의 편지를 싣고
빈집 빌딩 우체국에서 그는 훔친다

영영 멈춰버린 편지를 싣고 도시를 벗어난다
도시 바깥에서 읽기 위해

소매치기는 편지를 읽으며 칼을 든다 가장 중요한 문장이 될 후보를 고른다 가장 중요한 문장, 그것을 고르는 방법은 그것을 도려냈을 때 편지를 받아야 할 사람이

고마울 거라 상정하는 것이다

중요한 문장은 대체로 다정한 말이다 그런 것을 받지 못한 사람은 다음에 올 말을 더 기다릴 수 있다 택시를 운전하는 소매치기는 칼로 문장을 지운다

편지

마시에게

아무도 너를 원하지 않는구나. 괜찮아. 옥상에 서서 날아가는 전투기를 봐. 지상에 있는 누구도 저 안에 있는 조종사를 좋아하지 않을 리 없잖니?

비가 내리면 실내로 들어가렴. 터널이 너를 우우우 찾으러 오기 전에 네 울림을 꼭꼭 감춰두렴. 우우우우. 그건 어둠이 어둠으로 남기 위한 소리. 아직 여기 있다고 외치는 소리. 그 소리가 너를 흠뻑 적시네.

네가 젖은 머리카락을 한 손에 쥐고 물기를 짜낼 때. 그때 우리는 언제나 문밖. 치솟는 미터기 숫자 같은 건 없었고. 네가 흘린 물 자국을 기억해. 물 자국 위에 손가락을 찍어 그림을 그리던 마시. 복잡한 생각을 지우는 일. 그건 우리가 머리카락을 흘리면서 이루어진단다.

하늘에서 떨어지는 폭탄은 새카맣고 번쩍거리고 우리가 떠나온 곳은 아주 더웠다는 걸 기억하니?

아무도 너와 친해질 수 없구나. 괜찮아. 마을 곳곳에 숨죽여 지내는 아이들. 사실은 그 아이들이 서로의 친구가 될 수 있다는 걸 생각해보렴. 친구가 너무 많아도 곤란해. 그러니 지금은 □□□ □□ □□. 비가 내리면 무너진 지붕의 모래를 끌어모아 두꺼비집을 만들자. 손등을 어둠에 맡기고 잠시 쉬어야지. 친구 손을 잡으려 네가 손을 빼내면 어둠은 물러나. 터널 끝처럼. 누군가의 팔뚝이 뚫고 지나간 자리.

편지

<u>멀리 있는 G에게</u>

 어젯밤은 정말 지난했어. 나는 창문 여는 것을 좋아했는데 이제는 열 창문이 없어. 그들이 창문을 전부 부수고 갔거든. 이건 다 시켜서 하는 일일 뿐이라고 그들이 울먹거리며 말했어. 명령에 따를 수밖에 없다고. 명령이라니.

 우리가 함께 연극을 봤던 극장에 가고 싶어. 그곳의 축축한 어둠이 그리워. 무대 위로 떨어지던 배우의 땀방울. 진득한 물 자국. 맨발로 밟고 지나간 자리. 조명은 그것만을 비추며 막을 내렸지. 내가 좋아했던 대사는 이제 네 머릿속에 없고, 네가 꽂혔던 음악은 더는 내 귓속에 없어. 그렇지만 □□ □□□ □□ □□□ □ □ □□□□ □□.

 어젯밤엔 정말 잠을 잘 수 없었어. 밤을 새웠어. 해가 뜨자마자 나는 카메라를 챙겼어. 점퍼 안주머니에 카메라를 숨기고 바깥으로 나갔어. 나는 사진을 남겨야 했어. G, 너에게 편지와 함께 보내주고 싶었거든. 어린이들이 학교 가는 길에 가방을 수색당하는 일이나, 죄다 같은 이야기만 꽂혀 있는 신문 가판대. 찢기고 버려지는 도서관 앞의 책 더미 같은 것. 광장에는 누군가가 두고 간 피켓들이 바닥에 가지런히 놓여 있고 밟지 않게 조심하며 나는 갔어.

상속
— 별장에서

죽은 사마귀 한 마리를 창문에서 떼어냈다. 너무 말라 있어서 조금만 세게 쥐어도 부서질 것 같았다. 심장 그림처럼.

벌레들에게 두 다리를 내주고 빨갛게 피어오르는 반점을 바라본다. 피가 부족하면 잠이 오지. 사서,라고 불리던 사람은 일지를 남기고 떠났다. 정기간행물실에서 잊을 수 없는 사건이 실린 신문만을 골라 한 면 한 면 펼쳐 바닥에 깔아두고
 떠났다.

자두

폭격이 시작되면 아이들은 서고에 숨는다

책이 우리를 지켜줄 거라는 믿음은 누가 처음 시작했는지?

아이들은 무엇도 그리워하지 않는다 아이들은 떠나온 곳을 잊는 능력을 가졌으므로

산책 나간 아이들은 별장으로 돌아오지 않는다 영영 가버린다 사서는 떠난 아이들 이름을 적는다 떠난 후에야 비로소 적는다 이름은 그렇게 태어난다
떠날 때
잊을 때
두 눈을 감은 채 터널의 끝에 다다를 때
사서는 일지 속 그 아이의 이름을 탄생시킨다

사서는 이름이 없다 미처 떠나지 못한 아이가 자라 이곳에 남아 있을 뿐이므로 (그렇지만 어떤 사서라도 결국엔 떠난다)

■

여기 자두나무가 있다

두 명의 아이가 나무 밑에 서 있다
썩은 내가 진동하는 자두나무
별장의 모든 썩은 나무와 구별되지 않는 그 나무 아래
서 있는 두 아이는 사서 몰래 이곳에서 자신들의 이름을 만들었다

자두와 나무라고 서로를 부른다
가끔씩은 서로 이름을 바꿔

나무가 된 자두가
자두가 된 나무에게
편지를 쓴다

■

우리는 우리에게 중요한 것을 제대로 알기 위해 애쓰고 있어

오늘 나는 슬픈 사람인가?

자두만 한 심장
이 심장을 살찌워 너에게 먹이고 싶어

별장의 창문 안으로 햇빛이 긴 목을 들이밀며 우리를 지켜보네
편지 속에서 '에게'의 이불을 놓아주지 못하는 우리를
추위에 떨고 있는 우리를

너와 나는 꿈속에서 하모니카를 입에 물고 있었어 말 대신 하모니카를 연주하며 이야기를 나눴지 너무 추워서 우리 이야기가 파르르 떨렸어

봄을 기다리는 하모니

새벽에 노래를 시작하는 저 새는 혼자야 알을 낳을 수 없어 벗겨지기 시작한 나무껍질 꽃이 떨어진 자리에 열리는 심장 천천히 두근거리는 심장을 새가 쪼아 먹는 모습 너와 내가 나무 밑에 서서 그것을 볼 수 있다면 얼마나 좋을까 새의 부리가 파고드는 붉은 덩어리

언젠가 이곳을 떠난다 해도 너와 가장 친하게 지내고 싶어 너에게만 가장 좋아하는 책 제목을 알려주고 싶어 산책을 하다 만난 사람에게 네 이야기를 들려주고 싶어

하지만 너는 이제 너 자신의 이야기에 흥미가 없어 너는 네 절망이 특별할 수 없다고 생각하고 있어
네가 특별한 이유는 네가 웃을 수 있다는 것 네가 새를 위해 심장을 양보하려 든다는 것 너를 버린 사람을 간신히 이해해보려 노력한다는 것 그리고 그 모든 걸 묻지 않아도 내게 들려준다는 것이라고

계속해서 말하고 싶어

아무리 말해도 그 말이 하모니카 연주뿐이라서 사람들이 간신히 알아듣는 얼굴을 보고 싶어

너와 신문에 등장하고 싶어 뭐든 우리가 최초였으면 좋겠어 누군가 우리를 어설프게 흉내 내다 실패했으면 그리고 우리는 무연해졌으면
  칼을 빼어 든 소년에게
  택시를 훔쳐 도망가는 여자에게

찢어진 담요 위로 쏟아지는 잘린 머리카락 액자 뒤에 숨겨 둔 편지 심장의 뒷면을 열면 가지런히 접혀 있는 편지가 있지만 사서는 일지만을 채워가고 있어

자두 심장이 하늘에서 내려와 온 세상에 쾅쾅 박히는 밤

■

아니야 나는 잔혹한 것을 그렇게 묘사하며 이야기하고 싶지 않아 나는 있는 그대로를 보고 읽고 말하고 싶어

폭격을 폭격이라 말하지 않고 다른 방식으로 보여줄 수는 없다. 통제된 거리. 내쫓기는 사람들. 검열하고 검열당하는 사람. 총.

 심장을 말하는 방식은 몇 가지가 있을까. 우리 몸속에 가득 찬 비명. 우리는 사서와 아이들을 가리키는 말. 우리는 비명을 꼭꼭 씹어 삼키며 별장에 걸린 그림을 본다. 인간은 태어나 첫 울음을 터뜨린다. 그 울음으로 심장을 통과하던 혈액의 흐름이 변경되고 비로소 첫 숨이 폐를 거쳐간다.

 인간이 마지막 울음을 내지르고 이윽고 멎을 땐 심장이 새카맣게 변한다. 어떤 나무는 순식간에 모든 잎을 떨어뜨린다. 축제처럼 우리는 뛰면서 밟는다.

3

일지

아직 살 만한가 보다.

아침마다 자동차 소리가 들린다. 그건 환청이다. 운전할 수 있는 차도 사람도 없는데, 시동 걸리는 소리. 깜빡 눈 감았다 뜨면 낯선 광경으로 돌진할 것 같은 소리. 시시각각 창밖이 새벽 아침 오후 저녁 밤으로 바뀌는 소리. 목격한 창문의 색깔마다 하나씩 다른 이름을 지어주고 싶다. 그 이름들을 정성껏 불러주며 창문을 깨부수고 싶다. 쏟아지는 유리 파편. 얼굴을 베어 가는 유리 파편에 비치는 무수한 입술. 웃고 있어.

웃고 있어?

도서관 뒤의 공원은 점점 더 깊은 숲이 되어간다. 먼 곳을 응시하면 가까워지는 게 있을 것 같아 자꾸만 멀리 봤다. 볼 수 있는 가장 먼 곳에는 버섯이 있다. 조용하게 포자를 늘려가는. 옆으로 쓰러진 전나무를 뒤덮는 버섯 무리.

조금씩 이쪽으로 올 거야.
시간이 걸릴 거야.

도서관이 버섯에 먹히면 어떻게 될까.

이곳에 처음 왔던 날에
나는 잠에서 막 깨어난 사람. 먼지 쌓인 서가. 낯선 창문. 창문에 걸터앉은 뒷모습. 폭격이 지나간 마을. 내 뒤척임에 놀라며 칼을 드는 한 사람.

말하지 않은 게 있었어.

칼을 가진 사람이 내게 칼을 겨눈 순간. 진심으로 안아주고 싶었다고.

생존이란 걸 모르고 지냈을 땐 그렇게 욕을 달고 살았으면서

이제는 누구라도 만나면
좋은 말만 해주고 싶다.

불만과 욕설이 가득한 일지는

적고 싶지 않아서
도서관 일 층에 걸린 그림만 봤었지.
유성물감으로 칠해진 심장. 두근거릴 때마다 조금씩 갈라질 것 같았는데. 살아 있는 것 같아 좋았는데.

이제야 적기 시작한다.

썩기 직전의 자두나무에 대해.
바닥에 깔린 꽃잎을 누렇게 죽죽 밟으며 자두의 깜깜한 얼굴을 함께 베어 물던 사람에 대해. 그는 이제 이곳에 없지만, 그와 나누었던 먼 이국의 소매치기 이야기가 남았으니까.

그 소매치기는 말이야. 모르는 사람이 쓴 편지를 훔쳐

간대.

훔쳐서 어떻게 하는데?

그 편지에 있는 문장 중에 가장 상냥한 문장 하나를 오려 간대. 그리고 그 편지를 받아야 하는 사람에게 대신 보낸대.

가장 상냥한 문장 하나가 지워진 그 편지를 기다리면서.

해설

고통의 인류학

송현지
(문학평론가)

혼자 극장에 가는 사람에게는 저마다 선호하는 자리가 있다고 한다. 사운드가 모이는 중간 자리를 고집하는 이가 있는가 하면, 뒤에서 몇 줄 앞 좌석만을 골라 앉는 사람도 있다. 맨 앞줄은 가장 인기가 없다고 알려져 있지만, 그 자리에서 스크린을 잡아먹을 듯 노려보아야 하는 이도 나는 몇몇 알고 있다. 이 자리는 대체로 수많은 시행착오 끝에 굳어진 것이어서, 간혹 영화에 따라 옮겨 가더라도 제일 앞에 앉던 이가 어느 날 갑자기 맨 뒤로 가거나 맨 뒤에 앉던 이가 앞으로 옮겨 가는 일은 좀처럼 없다. 그런 점에서 나는 언젠가부터 자리의 취향이 한 사람의 정체성을 드러내는 단서라고 막연히 생각해왔다. 그래서일까. 2024년 이실비가 시인으로 세상에 처음 등장했을 때, 그의 분신처럼 보이는 화자가 극장의 가장 뒤편에서 눈을 빛내고 있는 모습을 보며 궁금했다. 그는 어떤 과정을 거쳐 그 자리에 앉는 것을 직업으로까지 삼게 되었을까.

    다정 걱정 동정
    무작정
    틀지 않고

    어두운 조명실에 오래 앉아 있었다

    초록색 비상구 등만
    선명히 극장 내부를 비추고 있었다

    이것이 지옥이라면

    관객들의 나란한 뒤통수
    그들에겐 내가 안 보이겠지

    그래도 나는 보고 있다

    잊지 않고 세어본다

                             —「조명실」부분

어두운 극장의 내부에서 "지옥"을 떠올리는 화자의 모습에서 화자에게 세계란 고통으로 점철된 곳이라는 것쯤은 조심스레 짐작할 수 있었지만, 이 시가 그 전후 맥락을 모두 다루고 있는 것은 아니어서 앞서의 궁금증을 해결하기 위해서는 몇 가지 상상을 동원해야 했다. 지옥에서 빠져나갈 수 있는 길이 있다는 것은 알아도("초록색 비상구 등만/선명히 극장 내부를 비추고 있었다") 괴로움이 완전히 끝날 때까지는 벗어날 수 없는 것이 우리의 지옥이라면, 영화가 끝날 때까지 관객들이 떠날 수 없는 저 극장에서 지금 상영되고 있는 것은 폭력이 난무하는 고통의 현장이 아닐까 하는 상상. 그렇다면 스크린에서 가장 멀리 떨어진 "조명실에" 그가 "앉아 있"기로 마음먹은 까닭은 "폭력과 가장 먼 곳에"(「내가 아는 폭력」) 있고 싶어서일 수도, 누구도 자신의 아픔을 보지 못하는 자리에서 "얼굴을 굶기고 싶"(「칠」)기 때문일 수도 있겠다. 그러나 이러한 추론은 그다음 서술에 의해 곧 무너지고 말았는데, 그는 스크린은 물론, 자신의 얼굴에 대해서는 어떤 말도 하지 않고 그곳에서 그저 "관객들의 나란한 뒤통수"를 "보고 있다"고 말할 뿐이기 때문이다.

'보고 있다'는 말은 지금 자신의 행동을 설명하는 것이지만 이 작품이 이실비가 세상에 내보인 첫 시였기에 이는 앞으로도 그것을 '보고 있겠다'는 시적 선언처럼 들렸다. '나는 이 자리에서 지옥에 있는 관객들의 나란한 뒤통수를 보겠다'라는 대상(지옥에 있는 이들)과 방법론(그 뒤통수를 보기)이 정확히 담겨 있는 이 다짐은, 처음부터 자신이 어떤 시를 쓰고자 하는지를 정확히 알고 있는 몇 없는 시인으로 그를 기억하게 했다. 그러나 이 선언은 다분히 비유적인 것이어서 그 의미를 정확히 파악하기 위해서는 조금 더 많은 시가 필요했다. 다행히 그리 길지 않은 시간이 지나 첫 시집 『오해와 오후의 해』가 묶였고, 이제 나는 이 선언이 되풀이되고 확장되며 끝내 실현된 이 시집을 통해 앞선 물음에 대해 말해볼 수 있다는 확신이 든다. 이를 대상과 방법론으로 나눠 살펴보려 한다.

나란한 고통

먼저, 대상.「조명실」의 서술에서 단연 눈길을 끄는 점은 그가 관객들을 자신과의 관계 안으로 돌연 끌어들인다는 사실이다. 같은 장소에 잠시 머물러 있다는 것 외에는 전혀 공통점이 보이지 않는 그들이기에 '나'의 말은 당혹스럽다. '나'의 비유대로 극장이 "지옥이라면", 그들 모두가 지옥에 머물러 있다는 점에 착안하여 그의 태도를 '연민'이라는 말로 설명할 수 있을까. 그러나 『오해와 오후의 해』를 읽어보면 금방 알 수 있는 것이지만, 이 시집은 다른 이의 아픔에 대해 감정적 반응을 보이기보다 오히려 자신이 그들과 이어져 있다는 사실을 가능한 한 객관적으로 제시하는 데 주력한다는 점에서 이 용어는 부정확하게 여겨진다. 다시 말해 이실비의 화자들은 "세상의 모든 오후를 기억하려는" 것처럼 다른 이들을 눈에 담고 있지만, "물속"에 있는 듯 "축축하게"(「물속의 돌」) 울고 있지만은 않다.

동생은 택시에서 태어났다.

엄마와 나는 칠 년 동안 택시를 타고 떠돌아다녔다.
칠 년 치 택시비를 낼 수 없어서

택시는 집이 되었다.

택시 기사는 엄마를 조수석에 앉혔다. 나는 뒷좌석에 앉히고. 택시 기사는 뒤돌아보지 않았다.

잘 시간에는 택시를 세우고 문을 잠갔다.
미터기는 언제나 치솟았다.
미터기는 그러라고 있는 거였다.

[……]

계속 올라가는

미터기 숫자
택시 기사의 주먹

······278,564,393

엄마의 모든 것이 멈췄다.

택시 기사가 동생을 안고 있는 나를 끌어 내렸다.

내 몸에 들러붙은 엄마의 머리카락이
찍 끊어졌다.

[······]

미터기처럼 뛰었다.
미친
긴
터널을 벗어날 때까지. 아무도 마주치지 않았다. 사람 같은 것을 봐도 사람인가? 확신할 수 없었을 테지만. 택시에 있어서만큼은 다른 택시들과 헷갈리지 않고 그 택시를 한눈에 알아볼 자신이
지금도 있다.
[······]

터널의 끝. 숨 막히는 숲. 공동묘지.

택시 밖에서 처음 만난 사람들은 죽어 있는 사람들이었다.

[……]

꿈은
놀이터에서 시작됐다.

양 갈래로 머리를 땋은 여자 친구들과 한참을 놀았다. 그건 놀이터 모래밭에 꼿꼿이 서서 아무것도 안 하는 놀이였다. 이게 노는 거야? 근데 그 머리 어떻게 묶은 거야? 내가 묻자마자.
이제 집에 갈 시간! 친구들은 외치며 달려갔다.
골목 사이로 사라졌다. 나는 친구들이 흘린 모래를 쫓아 따라갔다.
골목 끝에
택시가 일렬로 서 있었다.
다녀왔습니다.
친구들은 뒷문을 열고 택시를 탔다.
―「택시」(p. 103) 부분

4부의 첫머리에 놓인 이 작품을 가장 먼저 가져온 것은 서사와 이미지를 촘촘히 엮어 만든 4부의 시들이 바로 그들의 연결 구조를 가장 선명하게 드러내 보이기 때문이다. 엄마와 같이 택시에 태워진 채 떠돌던 '나'가 그 안에서 태어난 동생과 함께 택시에서 끌어 내려진 후 긴 터널을 걸어가는 이 시의 서사는 한 개인의 '특별한' 성장담처럼 먼저 읽힌다. 그런데 시의 말미에서 시인은 택시를 집으로 삼는 또 다른 "여자 친구들"을 보여줌으로써 이 시가 '나'의 생애를 사실적으로 재현하는 것이 아니라 우리의 보편적 삶을 상징적으로 서술하고 있음을 드러낸다. 그리고 보면 우리 모두는 시간에 실려 죽음이라는 목적지를 향해 달려가면서 "미터기" 숫자가 치솟듯 점차 불어나는 고통에 괴로워하며 삶에서 내릴 수도 계속 타고 있을 수도 없는 상황에 맞닥뜨리지 않는가. 특히 부모가 타고 있는 택시에 함께 올라탈 수밖에 없는 우리는, 만약 그들이 가난과 폭력에 노출되어 있다면 이는 승계하듯 우리의 것으로 삼게 된다.

고통을 대가로 지불하며 끝나지 않을 듯한 터널을 통과하는 것이 우리의 삶이라는 점에서 서로의 고통이 적어도 '구조적으로는' 다르지 않다는 그의 생각은 4부 전체를 하나의 이야기로 읽을 때 보다 뚜렷해진다. 택시에서 내린 '나'가 별장에서 자신과 마찬가지로 가족을 잃은 사서를 만나거나, 이곳에서 이전에 머물던 여러 이들의 기록을 읽는 장면(「별장」)은 모두의 삶이 이 불가피한 조건을 공동 기반으로 삼는다는 사실을 다시 한번 확인하게 한다. 「별장」 「사서」 등에서 '나'가 "정기간행물"과 "일지"를 읽는 장면이 반복적으로 등장하는 것 역시 이런 구조가 세대를 넘어 이어져왔음을, 그리고 그 과정에서 축적된 유구한 고통의 역사를 환기하기 위한 장치일 것이다. 어느 누구도 이러한 굴레에서 벗어날 수 없다는 점에서 우리는 '고통받는다'는 사실로 이어져 있다는 믿음을 이실비는 가지고 있는 듯 보인다. 그렇게 볼 때, 전혀 상관없어 보이는 이들과 관계를 맺는 「조명실」 속 '나'는 그들을 연민하는 자가 아닌, 이 '이어짐'을 객관적으로 관찰한 자에 가깝다. 같은 장면에서 울고 웃으며 나란히 앉아 있는 관객들의 풍경, 그것이 이실비에게는 곧 세계의 축소판이었던 셈이다.

변형된 개별성

요컨대, 이실비는 고통을 우리 모두가 공유하는 조건으로 삼고, 바로 그 점에서 우리가 이어져 있다고 말한다. 「월곡」 「내가 아는 폭력」 「귀와 종」 등 시집의 도처에서 그는 우리 모두가 다양한 형태의 폭력에 노출되어 있음을 드러내며, 그 사실만으로 우리를 한자리에 모은다. 그러나 연인을 향해 "손을 치켜"(「데이트」)드는 장면을 보며 누구나 곧 폭행이 일어날 것을 예감하지는 않으며, 푸른 빛을 머금은 "비눗방울을"(「미쳤다고 했다」) 보며 부모의 학대로 생겼던 파란 멍이나 주변의 수군거림이 그 주위로 둥글게 모였다 사라졌던 기억을 떠올리는 것은 아니다. 우리는 서로 다른 "절벽"(「절벽에서 닭장까지」)에서 저마다 다르게 위태롭다.

물론, 이런 말은 전혀 새롭지 않게 들릴 것이다. 일일이 열거하기 어려울 만큼 많은 이들이 이미 고통의 고유성에 대해 말해온 것을 우리는 이미 알고 있다. 그러나 대체로 그 논의들이 고통의 이해 불가능성을 강조하며 한계를 넘어선 당위적 실천을 강조했다면, 이실비의 시는 대물림된 이 고통의 구조가 어떻게 개인적인 것으로 변형되는지를 세밀하게 보여줌으로써 특별해진다.

사서는 언제나 머리카락이 짧았다. 동생과 나의 머리카락도 어깨를 넘지 않게 했다. 나는 엄마가 너무 보고 싶은 날에는

머리를 기르고 싶어요!
하고 외쳤다.
그렇게 외치는 날에는 머리카락에 관련된 책을 열 권 읽은 다음에, 머리카락을 주제로 독후감을 써서 가져오라고 했다.

나는 독후감이 싫었다.
그건 형벌이었다.

머리를 기른다고 엄마를 닮을 수는 없었다.
엄마를 닮은 건 세상 어디에도 없었다.
심지어 동생까지도

동생은 커지고
나도 커졌다.

나는 점점 털이 많아지기 시작했다. 종아리 허벅지 팔 겨드랑이 인중 손가락 발가락 털 뽑으면 뽑을수록 숱이 불어났.
동생은 털이 하나도 없었다. 가뿐했다.

나는 풍차가 되려고 했는데
바람이 불면 털이 엉켜 세상 모든 찌꺼기가 내 몸에 엉길 것 같았다.

다른 여자들도 나처럼 털이 많을까 궁금했다. 정기간 행물실 잡지를 전부 읽었다. 잡지 속 어떤 여자도 나보다 털이 많지는 않았다.

─「별장」 부분

고백이야말로 개인이 겪은 상처를 가장 구체적으로 드러내는 양식이기에 이실비가 화자의 입을 빌려 이에 대해 말하는 것은 자연스럽다. 이때, 시인은 세대를 이어 전승된 고통이 개인의 고유한 문제로 변형되는 과정을 드러내는 데 "머리카락을" 소재로 활용한다. 예컨대,「택시」(p. 103) 속 비교적 안정된 삶을 사는 듯 보이는 여자아이들이 단정히 "양 갈래로 머리를 땋은" 것과 달리, 머리를 땋는 법조차 알지 못하는 '나'("그 머리 어떻게 묶은 거야?")가, 택시 기사와 맞서느라 아마도 헝클어졌을 "엄마의 머리카락"에 몸이 "엉켜 꽉 조"이는 장면은 각자가 처해 있는 비극의 양상과 정도의 다름이 머리카락 이미지로 현상되는 예다.

그의 시에서 '머리카락'이 이렇게 세습의 양상을 가리키는 데 사용되는 것은 그 안에 부모로부터 물려받은 유전 정보가 담겨 있다는 지극히 상식적인 사실에서 비롯된 것일 테다. 하지만 이실비는 이를 다양한 층위의 상징으로 변주함으로써 강렬한 이미지들로 구성된 독보적인 성장 서사를 만들어낸다. 자기만의 정체성을 갖지 못하고 있던 '나'가 엄마와 분리된 이후, 더 이상 엄마의 고통을 그대로 짊어지지 않고 자신의 삶을 살아가는 과정은 "엄마의 긴 머리카락"으로 몸을 숨긴 채 자신의 "털을 손톱으로 하나씩 뽑"던 '나'가 자신의 몸에 "들러붙은 엄마의 머리카락이/찍 끊어"지는 순간을 인식하면서 시작된다. "택시를 훔"친 '나'가 이제는 그것을 스스로 운전하며 "머리카락이 벗겨질 것처럼" 빠르게 달리거나 자신의 머리카락에 자기만의 "소원을 적는"(「터널」) 장면 역시 '나'의 성장을 머리카락을 통해 드러내는 예다. 또한 시인은 머리카락과 닮았으나 그와는 다른 '털'이 무성해진 '나'의 몸을 통해 승계된 고통이 그만의 방식으로 전환되었음을 탁월하게 형상화하기도 한다. 같은 엄마 밑에서 태어났으나 "털이 하나도 없"는 동생과 달리, "정기간행물실 잡지"에 등장하는 "어떤 여자"보다도 "털이 많"(「별장」)은 '나'의 모습은, 물려받은 고통이 각자의 몸에서 서로 다르게 발현되며, 그것이 점차 존재의 고유한 특성으로 굳어져가는 과정을 보여준다.*

그런데 그의 시에서 자라난 털이 단순히 세습된 고통의 변형체일 뿐만 아니라 그 고통에 예민해진 감각을 비유적으로 가리키기도 한다는 점은 흥미롭다. 동일한 삶의 조건과 아픔에도 어떤 이는 그것에 몰두하지 않고 "가뿐"하게 살아가는가 하면, 또 다른 이는 "뽑으면 뽑을수록 숱이

---

* 택시에 타고 있는 이들을 "엄마" "여자 친구" "여동생"(「택시」, p. 103)으로 설정하거나, "일지 쓴 사람이 전부 여자"(「사서」)임을 밝히는 문장은 여성의 고통에 대한 시인의 각별한 관심을 짐작하게 한다. 다만, '나'가 그들과 외관상 구분되는 것으로 그려지고, 상황에 대처하는 방식 역시 그들과 다르다는 사실은, 같은 젠더를 공유한다고 하더라도 그 고통의 정도와 양상이 같지 않다는 시인의 생각을 짐작하게 한다.

불어"나는 털처럼 아픔에서 벗어나려 할수록 되레 증식되며 깊어지는 고통과 마주하지 않던가. 고통은 각자의 역사 속에서 다르게 자라나 결국 전적으로 개인의 것이 된다. 그러나 자신의 상처가 깊어져 끝내 자신만의 존재 양태로 굳어질 때, 감지되는 것은 자신의 고통만이 아니다. 이를 모르지 않을 시인은 털이 불어난 '나'에게 "세상 모든 찌꺼기가 내 몸에 엉"기는 경험이 뒤따른다는 점을 덧붙인다. 지독하게 아파본 사람만이 타인의 상처에도 예민해질 수밖에 없다는 데 고통의 아이러니가 있다.

누구에게도 설명할 수 없는 고통을 경험한 자는 타인의 아픔을 함부로 깎아 마음대로 '오해'하지 않는다(말장난처럼 들리겠지만, 이러한 문제를 다루는 「오해와 오후의 해」에서 "오해"는 "오후의 해"를 깎아내어 생긴 '오□□□해'와 같다). 이실비의 화자들이 "내가 아는 폭력과 네가 아는 폭력이"(「내가 아는 폭력」) 다르다는 사실을 받아들이고, 상대의 이해할 수 없는 행동의 이유와 구체적 정황을 캐묻기보다 "어둠을 나눠 먹기로"(「희고 부드러운 잠」) 하거나, "부드럽고 낯선 버섯"(「위로」)과 같은 엉뚱한 선물을 상대에게 건네는 것은 이런 맥락에서 이해된다. 다른 이의 상처를 함부로 파고들지 않으려는 것은 자기의 상처 역시 침범받고 싶지 않다는 안간힘인 것이다. 그러므로 조명을 켜서 관객의 얼굴을 확인하지도, 어둠을 서둘러 밝음으로 바꿔주려 하지도 않고("다정 걱정 동정/무작정/틀지 않고") 그저 그들의 "뒤통수"만을 바라보는 「조명실」의 '나'에게서 이제 우리는 그가 자리한 어둠보다 더 깊은 고통을 본다.

시, 오려낸 편지

정리하자면, 「조명실」의 화자가 앉아 있던 극장의 맨 뒷자리는 타인의 아픔을 온전히 볼 수 없는 우리의 필연적인 숙명을 드러내면서도, 서로의 고통을 침범하지 않으려는 윤리의 자리였다. 타인의 고통에 대한 그의 거리 감각은 관객들과 일정한 간격을 두는 '보기'의 행위를 통해 다시 확인된다. 그런데 이쯤에서 「조명실」의 화자가 단순한 관객이 아니라 관객들을 위해 일하는 자임을 상기할 필요가 있다. 다시 말해, 그의 선언은 한 개인의 윤리를 넘어, 시인으로서 타인의 고통에 어떻게 다가설 것인가를 드러내는 쓰기의 방법론이기도 하다는 것이다.

모래시계를 들고 당신이 왔습니다 삶이 너무 짧다고 나를 찾아와 말했습니다 하얀 빨간 모래 알갱이가 다투며 내려오는 밤 당신 어깨에서 연필심이 자라나기 시작했습니다

연필심이 뾰족하게 돋아나는 시간

  당신이 아파했습니다 바닥을 뒹굴면서 마루를 죽죽 그었습니다 당신에게 기다려달라고 할 수 없어서 기다릴 시간이 없어서 당신 어깨에 큰 종이를 대고 문질렀습니다 계속 문지르면
  새로 밀려 올라오는 연필심은 없었습니다 내가 이제 매일 종이를 줄게 좋은 종이를 줄게

  한 사람을 위해 견딘다고 생각하면
  밤이 길어서

  종이를 채우는 검은 선들로 충분한 밤이라고 믿는 일

  그렇다고
  그렇게 익숙해지자고

  어깨를 잡고 구르는 사람에게 밤을 버티는 기쁨을 말하진 않았습니다

  새로 그려야 하는 그림과 새로 써야 하는 시는 아침에 찾아오니까 어떤 음악은 한낮에 들어야 더 충격적이니까 충격은 흐르게 두어야 하니까

모래시계를 깨뜨려 모래를 쏟았습니다

하얀 빨간 모래가 흩뿌려진 산

멀리서 보면 분홍입니다 로맨틱합니까? 그 산을 타고 오르는 아주 작은 당신과 나를 떠올려봐요 발을 디딜 때마다 분홍이 우르르 쏟아져 내립니다 산 아래 가장 마지막에 떨어지는 모래 알갱이 하나는 하양일까요? 빨강일까요? 우리는 그것에 대해 아침까지 궁금해하기로 합니다

─「파손」 전문

타인의 고통과 이어지면서도 그것을 훼손하지 않는 쓰기는 어떻게 가능한가.「파손」을 통해 우리는 이실비가 차례로 떠올린 세 가지 방법을 확인할 수 있다. 첫째, 기록. 우리는 가장 먼저, 상영되는 누군가의 고통을 가장 앞자리에서 대면하여, "당신이" 토로하는 아픔(의 말들)을 모두 받아 적을 수 있을 것이다. 그러나 고통은 언어화되는 것이 아니어서, '나'가 "당신 어깨에" 자라난 "연필심"을 "종이에 대고" 아무리 문질러도 "검은 선"만이 "종이를 채"울 뿐이듯 그것은 온전히 환원되지 않는다. 물론 이런 쓰기는 고통이 있었다는 사실을 드러낸다는 점에서는

의미 있지만, 이처럼 누군가의 고통이 즉각적인 방식으로 소모될 때, 그것은 새로운 작품("새로 그려야 하는 그림과 새로 써야 하는 시")을 만드는 재료로 전락하기 쉽다.

둘째, 편지. 우리는 상대의 옆자리에 앉아 그에게 다정한 위로의 말을 건넬 수도 있을 것이다. "모래시계" 속 "모래 알갱이가 다투며 내려오는" 모습을 두고 "삶이 너무 짧다고" 괴로워하는 "당신" 앞에서, 그것을 깨어 모래 산을 만드는 화자처럼 개인의 고통을 공동의 풍경으로 바꾸어보면서 말이다. 그러나 분명 이 방법은 상대를 고립에서 벗어나게 하지만, 상대의 아픔을 오래 같이 보지 않는다면 그 풍경은 다시 개인의 것이 된다.

이때, 「파손」의 화자는 쏟아진 모래를 함께 바라보며 다음과 같이 물어봄으로써 세번째 방법인 '비워두기'를 제시한다. "산 아래 가장 마지막에 떨어지는 모래 알갱이 하나는 하양일까요? 빨강일까요?" 답이 비워진 이 질문을 그들이 함께 붙들며 밤을 견디는 장면을 주목해보자. 이 의도된 공백은 아직 오지 않은 미래를 기다리게 함으로써 오랫동안 "당신"과 '나'를 잇게 하려는 '나'의 전략처럼 보인다. 멀리서 보면 "분홍"으로 보이지만 가까이 다가가면 "하양"과 "빨강"의 "알갱이"로 흩어지는 모래처럼 낱낱의 다른 고통들이 있지만, '나'는 "당신"과 그 모래 산을 함께 오르며 질문을 던지고, 답을 제시하지 않는 방법을 적용함으로써 오래 이어진다.

이러한 비워두기는 「택시」(p. 127)와 「일지」에서 다뤄진 오려낸 편지와 다르지 않다. "버려진 택시"에 올라 스스로 운전하기 시작한 이는 "다정한 말"을 오려낸 편지를 배달함으로써 "편지를 받아야 할 사람"(「택시」, p. 127)이 그다음 편지를 계속해서 기다리게 하여 발신자와 수신자를 오래도록 이어지게 한다. 다른 이가 쓴 "가장 상냥한 문장"(「일지」)들을 모두 모아 간직하고 싶을 만큼 택시 기사는 그 자신도 깊은 아픔을 가지고 있는 자이지만 이런 편지를 모아 보냄으로써 서로를 이어준다. 그런데 이런 쓰기는 사실상 시의 양식이 아닌가. 말하지 않는 지점을 의도적으로 남겨둠으로써 시는 더욱 오래 독자와 이어진다.

이실비가 찾아낸 방법이 오려낸 편지 쓰기, 다시 말하자면 시라는 점에서 「조명실」의 화자는 다시 한번 시인과 겹쳐진다. 어쩌면 그는 스크린 바로 앞에서 다른 이의 고통을 자기 것처럼 응시하고(기록), 그 옆자리의 상대를 위로하다(편지) 볼 수 없는 그들의 고통을 어떤 사랑의 말로도 쉽게 위로할 수가 없어서 가장 뒷자리로 점차 자리를 옮기지 않았을까. 그의 선언은 타인의 고통과 이어지기 위한 수많은 방법론적 모색 끝에 결국 그가 갖게 된 시론이었던 셈이다.

『오해와 오후의 해』에서 이실비는 이 시론을 토대로 시를 쓰며 관객인 우리를 극장의 맨 뒷자리로 이끈다. 이름도 나이도 얼굴도 모르는 이들이 줄지어 앉아 있는 열 끝에 있노라면, 더 이상 나의 고통은 나만의 것으로도, 그들의 고통은 그들만의 것으로도 여겨지지 않는다. "세상의 모든 고통이 이어져 있다"(「귀와 종」)는 고통의 인류학은 이렇게 사실적인 장면 속에서 체험되기도 하는 것이다. 감정이나 당위를 앞세우지 않고 이미지의 정교한 배치를 통해 서로의 이어짐을 증명해내는 이 시집은 그래서 고유하며, 그래서 설득력이 있다.

곧 그의 극장의 막이 오르면, 뒷자리는 그곳으로 자리를 옮기려는 이들로 이내 북적이리라. 그 분주함 속에서 좌석 화면에는 앞자리가 곧 □□□로 표시될 것이다. 그것은 자리가 비어 있다는 표식이지만, 그의 관객이라면 바로 그것이 사랑의 말이 이제 막 오려진 흔적임을 모를 리 없다.